FIT FOR

BUSINESS

W0011720

In der gleichen Reihe erschienen:

Kontakte knüpfen und beruflich nutzen
ISBN 3-8029-4549-2

Reden ohne Lampenfieber
ISBN 3-8029-4522-0

Du gehst mir auf den Geist
ISBN 3-8029-4542-5

Showtime: Präsentieren und motivieren mit Laptop
ISBN 3-8029-4560-3

Reden professionell vorbereiten
ISBN 3-8029-4535-2

Gezielt verhandeln und gewinnen
ISBN 3-8029-4558-1

Geschickt fragen
ISBN 3-8029-4559-X

**Selbstsicher reden - selbstbewusst handeln
Rhetorik für Frauen**
ISBN 3-8029-4533-6

Führungskommunikation und Präsentation
ISBN 3-8029-4505-0

Zum Autor:

Heinrich Fey ist Lehrbeauftragter für Rhetorik an der Universität Stuttgart sowie an Fachhochschulen, Berufsakademien und anderen Weiterbildungseinrichtungen.

Ebenfalls bei Fit for Business/Walhalla Fachverlag:
„Sicher und überzeugend präsentieren" ISBN 3-8029-4533-6
„Redetraining als Persönlichkeitsbildung" ISBN 3-8029-4510-7

Wir freuen uns über Ihr Interesse an diesem Buch. Gerne stellen wir Ihnen kostenlos zusätzliche Informationen zu diesem Programmsegment zur Verfügung. Bitte sprechen Sie uns an:

E-Mail: walhalla@walhalla.de
http://www.walhalla.de

Heinrich Fey

Zaubern mit Worten

- Zwiegespräche unauffällig, aber wirksam steuern
- Erfolge bewusst herbeiführen

FIT FOR BUSINESS

Die Deutsche Bibliothek - CIP-Einheitsaufnahme

Fey, Heinrich:
Zaubern mit Worten : Zwiegespräche unauffällig, aber wirksam steuern ;
Erfolge bewusst herbeiführen / Heinrich Fey. - Regensburg ; Düsseldorf ; Berlin :
Fit for Business, 2000
  (Fit for business ; 577)
  ISBN 3-8029-4577-8

Zitiervorschlag:
Heinrich Fey, Zaubern mit Worten
Regensburg, Düsseldorf, Berlin 2000

© Fit for Business, Regensburg/Düsseldorf/Berlin
  Alle Rechte, insbesondere das Recht zur Vervielfältigung und Verbreitung
  sowie der Übersetzung, vorbehalten. Kein Teil des Werkes darf in irgendeiner
  Form (durch Fotokopie, Diskette oder ein anderes Verfahren) ohne schriftliche
  Genehmigung des Verlages reproduziert oder unter Verwendung elektronischer
  Systeme gespeichert, verarbeitet, vervielfältigt oder verbreitet werden.
  Produktion: Walhalla Fachverlag, **93042** Regensburg
  Umschlaggestaltung: Gruber & König, Augsburg
  Druck und Bindung: Westermann Druck Zwickau GmbH
  Printed in Germany
  ISBN 3-8029-4577-8

Nutzen Sie das Inhaltsmenü:
Die Schnellübersicht führt Sie zu Ihrem Thema.
Die Kapitelüberschriften führen Sie zur Lösung.

Schnellübersicht

Schnellübersicht

Gespräche clever lenken!

Dieses Buch wendet sich an alle, die lernen möchten, wie man unauffällig und ohne aufdringliche Dominanz, aber effektiv Gespräche lenken kann. Sie finden hier ein gedankliches Gerüst, durch das Sie im Zwiegespräch Niederlagen vermeiden und Erfolge erzielen.

- Ich strebe nicht nach Vollständigkeit, sondern setze einzelne Schwerpunkte, die die Teilnehmer meiner Rhetorikseminare immer wieder als besonders wichtig empfinden.

- Ich bemühe mich um eindeutige Aussagen und klare Hinweise, die sich auch im Alltag überprüfen und anwenden lassen.

- Diese Seiten enthalten bewährte, spaßmachende, simple, dafür aber wirksame Übungen, die jeder ohne weitere Anleitung in seinen jeweiligen Lebensbereich umsetzen kann.

Ich hoffe, dass Sie beim Lesen von einem Aha-Erlebnis ins nächste kommen. Wertvolle Wissensschätze, die bisher vom kleinen Expertenkreis streng gehütet wurden, helfen Ihnen dabei.

Heinrich Fey

Überlegungen vor einem wichtigen Gespräch

1

Gesprächsziele und Gesprächsergebnisse

In den kommenden Tagen haben Sie ein wichtiges Gespräch vor sich. Doch je näher der Termin rückt, um so nervöser werden Sie. Sie bewundern Ihre Mitmenschen, die mit ungetrübter Miene einer solchen Situation entgegensehen. Wie machen die das nur?

Vielleicht sind das Menschen, die sich der Gefahr nicht bewusst sind oder die bisher nur Glück hatten. Vielleicht reden sich aber genau diese Menschen morgen um Kopf und Kragen. Denn das einzig wirksame Mittel ist die richtige Technik der Gesprächsführung.

Denken Sie an Führungskräfte aus Politik und Wirtschaft. Vermutlich wären Sie erstaunt, wenn Sie ahnen würden, welcher Aufwand hinter den Kulissen betrieben wird, um bestimmten Personen den Anschein von Sicherheit zu verleihen. Und dennoch ergeben sich zuweilen peinliche Szenen vor laufenden Kameras.

Als junger Mann habe ich mir manchmal ein Sektfrühstück mit Lachs und Kaviar als Honorar verdient. Ein prominenter Mann aus dem Verlagswesen wollte in Diskussionen souveräner wirken. Seine Frau und ich mimten möglichst gehässige Diskussionsteilnehmer, um für den Notfall zu proben. Ob er bei der anschließenden Talkrunde eine brillante Figur machte, ist nicht das Entscheidende. Viel wichtiger war, dass ihm nicht beim bloßen Gedanken an die Gesprächsrunde der Boden unter den Füßen wegbrach.

Praxis-Tipp:

Auch wenn Sie ein Gespräch nicht genau planen können, machen Sie sich vorab wenigstens einige Gedanken. Der so gewonnene Vorteil mag sich in der Realität rasch verflüchtigen, doch das ändert nichts an der grundsätzlichen Wichtigkeit der zumindest gedanklichen Vorbereitung. Die richtige Vorbereitung ist bereits der halbe Erfolg; Fleiß und Disziplin ermöglichen den Rest.

Setzen Sie Schwerpunkte

Manche Leute gehen „einfach so" in ein Gespräch. Das ist häufig nicht das Schlechteste. Sie haben Ihre Antennen aufgestellt und öffnen sich der Situation und dem Partner. Nun hört er Ihnen zu und geht auf Ihre Wünsche ein.

Sicher haben Sie schon Urlaubspostkarten gesehen, die mit unwichtigen Floskeln beschrieben waren: „Wie geht es Dir? Mir geht es gut." Die wichtigen Dinge aber: „Bitte schicke mir sofort 1000 DM!" stehen am Rand oder gar vorne auf dem Postkartenmotiv.

Damit Sie nicht das Wichtige aus den Augen verlieren, setzen Sie Ihre Schwerpunkte. Sie müssen wissen, was Sie wollen, und das meistens auch Ihrem Partner deutlich machen. Manchmal kann es natürlich vernünftiger sein, wenn der Partner Ihr Ziel nicht kennt, weil Sie etwa Ihr gebrauchtes Auto möglichst teuer verkaufen möchten.

Im ersten Augenblick bietet Ihnen dieser Vorsprung Gelassenheit, wenn Sie sich zuvor überlegt haben, was Sie erreichen wollen und was schlimmstenfalls auf Sie zukommen könnte. Vielleicht müssen Sie erkennen, wie weit der Weg noch bis zum erträumten Ergebnis ist. Das aber wird Sie zu einem Zwischenergebnis oder zu einem Kompromiss ermutigen, denn schließlich ist „ein bisschen" immer noch mehr als „gar nichts".

Die eigene Meinung

Sollten Sie mit festen, unverrückbaren Meinungen und mit zu eng gefassten Absichten in ein Gespräch gehen oder gar glauben, die Kunst der Gesprächsführung bestünde darin, Ihre Ansichten unbedingt durchzusetzen, dann stehen Sie sich häufig selbst im Weg. Sie schaffen durch Rechthaberei und übertriebene Dominanz nur soziale und kommunikative Reibungsverluste.

Überlegungen vor einem wichtigen Gespräch

Ist Ihr Partner anderer Meinung als Sie, hat er dafür häufig einen guten Grund. Erkennen Sie diesen Grund, wird Ihnen das Überzeugen wesentlich erleichtert. Die überzeugendste Argumentation ist die aus der Sicht des Partners. Sie gewinnen ihn am schnellsten durch Argumente, für die er bereits offen ist.

Praxis-Tipp:

Überzeugen Sie Ihr Gegenüber durch gutes Zuhören, denn diese Aufmerksamkeit zeigt Ihnen, mit welchen Argumenten Sie Ihren Partner gewinnen können. Vorgefasste, aufgezwungene Problemlösungen verkürzen zwar vordergründig ein Gespräch, am Ende werden sie jedoch als Zwangsjacken empfunden und häufig nicht angenommen.

Ihre Meinung ist nicht nur vor, sondern auch während des Gesprächs ohne entscheidende Bedeutung, es sei denn, Sie wollten Ihren Willen um jeden Preis durchsetzen. Doch dann sollten Sie kein Gespräch führen, sondern falls Sie das Recht dazu haben, schlicht eine Anordnung geben: „Der Blinddarm muss raus!"

Wichtig: Ein Gespräch ist erst dann ein solches, wenn Sie bereit sind, Ihre Meinung in Frage zu stellen. Haben Sie also eine eigene Meinung, dann sollten Sie die nur zögernd äußern, denn es gibt bestimmte Gesprächspartner, die Ihnen nicht in die Karten schauen sollten:

- Der Vorsichtige hält Informationen zurück, aus Angst Ihren Widerspruch zu wecken.

- Der Feigling möchte auf keinen Fall durch eine kontroverse Meinung unangenehm auffallen.

- Der Bösartige hat es darauf abgesehen, Sie auszutricksen und Ihnen einen Reinfall zu gönnen.

Praxis-Tipp:

Lassen Sie sich nicht von Anfang an in Ihre Karten schauen; entwickeln Sie Ihre Meinung während des Gesprächs weiter. Unter Umständen lassen Sie sich sogar überzeugen und teilen das dem Partner mit: „Ihr Vorschlag ist besser als meiner!" Das motiviert ihr Gegenüber für das nächste Gespräch. Das darf Ihnen jedoch nicht verbieten, sich anschließend einem noch besseren Argument zu öffnen: „Wer will mich daran hindern, von Tag zu Tag klüger zu werden?" (Konrad Adenauer)

Das richtige Gesprächsziel

Gibt es richtige Gesprächsziele? Und wie sehen falsche Gesprächsziele aus? Jedes Gespräch hat immer ein Ergebnis, und sei es nur, dass sich der Partner ärgert oder dass Zeit vergeudet wurde. Können das aber hilfreiche Ziele sein? Manchmal fühlen Sie sich anschließend erleichtert oder erkennen das Problem deutlicher. Dann steigert sich nach dieser Erkenntnis vielleicht Ihr Unwohlsein, doch hilfreich wäre das Ergebnis trotzdem.

Schon allein das Bedürfnis nach Zwischenmenschlichkeit und Harmonie, „Schönes Wetter heute" oder „Diesen Riesling muss man wenigstens probiert haben", können wichtige Gesprächsziele sein.

Ein Gespräch entsteht

Gedanken und Vorstellungen wachsen und gewinnen an Klarheit, wenn Sie darüber reden. Die besten Ideen entstehen meist erst im Gespräch, wenn man die Gedanken des Partners hört. So können Sie im Gespräch Ihren Blickwinkel erweitern, Ihre Meinung von den Dingen mit der Ansicht des Partners überprüfen und zurechtrücken. Denn erst der Widerspruch macht Sie richtig munter.

Überlegungen vor einem wichtigen Gespräch

Ein gutes Gespräch, von dem beide Partner profitieren, soll gemeinsam geführt werden. Der Meinungsaustausch wird auch immer von beiden Partnern gelenkt, selbst wenn ein Teilnehmer dominiert. Sie wissen zwar häufig, wie das Gespräch begann, aber nie, wie es enden wird.

Der Klügere gibt nach!

Um ein erfolgreiches Gespräch zu führen, sollten Sie folgende Judoregel im Hinterkopf haben: „Siegen durch Nachgeben und Entgegenkommen." Oder: „Drücken, wenn der Partner zieht. Und ziehen, wenn der Partner drückt."

Machen Sie bitte einmal mit einem Freund oder Kollegen folgendes Experiment: Legen Sie Ihre rechte Handinnenfläche auf die rechte Handinnenfläche Ihres Partners und drücken Sie. Instinktiv wird er dagegen drücken. Wenn Sie jetzt plötzlich aufhören zu drücken, gerät Ihr Partner aus dem Gleichgewicht. Sollten Sie dabei stehen, kann er sogar umfallen. Andererseits gilt aber zugleich der Satz von Marie von Ebner-Eschenbach: „Der Klügere gibt nach bedeutet die Herrschaft der Dummheit."

Achtung: Druck erzeugt Gegendruck! Druckverminderung mindert den Druck beidseitig.

Auf den Standpunkt kommt es an

Im Gespräch ergibt es sich häufig, dass der Partner eine andere Meinung vertritt als man selbst. Das überrascht bisweilen, lässt sich jedoch leicht erklären, denn jeder Mensch nimmt in der Regel seine eigene Position ein. Der eine ist Künstler und der andere Kaufmann. Worte wie „wahr", „falsch" oder gar „objektiv richtig" sind hier unangebracht. Der eine erlebt eben die Welt als Künstler und der andere als Kaufmann. Das Wissen um unterschiedliche Standpunkte bereichert so manches Gespräch.

Erst die verschiedenen Aspekte einer Sache bieten die Möglichkeit für das Erkennen des Ganzen.

Praxis-Tipp:

Versuchen Sie vom Streit über Standpunkte wegzukommen. Klären Sie stattdessen lieber die Meinungen über die jeweiligen Interessen.

Zwar gibt es in der Regel unterschiedliche Standpunkte, doch auch viele gemeinsame Interessen. So mögen manche Mitmenschen einfach keine Haut auf der Milch. Das aber wäre dann gleichfalls ein Standpunkt.

Diesen grundsätzlichen Sachverhalt soll Ihnen das folgende Gedankenbild „Die Fcy-Tasse" verdeutlichen (Erläuterungen siehe nächste Seite).

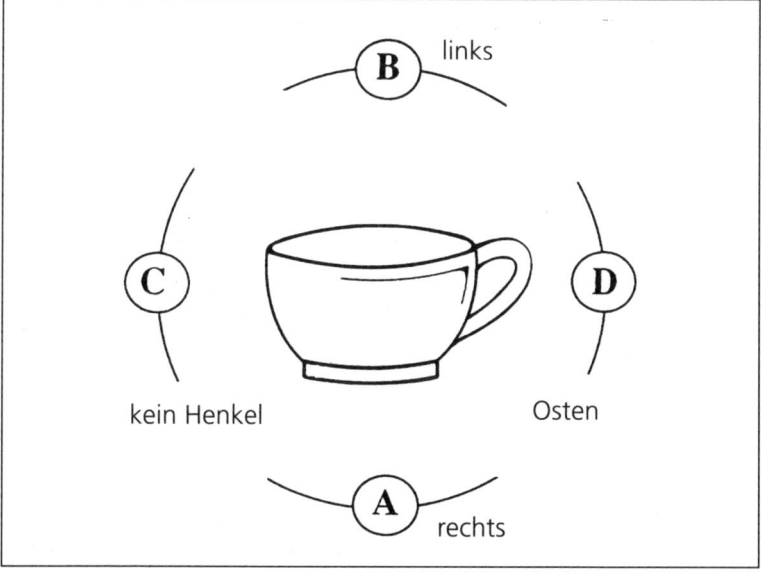

Überlegungen vor einem wichtigen Gespräch

Die Fey-Tasse

Stellen Sie sich vor, Sie (A) stehen vor einer Kaffeetasse. Dann sehen Sie den Henkel rechts. Das ist eine wahre Aussage. Wenn eine andere Person hinter der Tasse steht, dann sieht sie den Henkel links. Auch diese Aussage ist wahr. Wenn Sie sich jetzt mit B darüber streiten, wo der Henkel ist, kann es sein, dass sich C, die links von der Tasse steht, einmischt und sagt: „Ich verstehe nicht, worüber Sie sich streiten, die Tasse hat doch gar keinen Henkel." Vielleicht kommt jetzt noch D, die rechts auf die Tasse blickt, dazu und sagt: „Also was streitet Ihr denn? Die Sache ist doch klar, der Henkel zeigt nach Osten."

Die Fey-Tasse entspricht dem Sachverhalt, dem Gegenstand des Gesprächs oder auch dem Streitpunkt und der Kompass einer gemeinsamen, häufig nicht einmal bewussten Werteordnung.

Nun mögen manche einwenden, da es den Kompass gebe, sei der Streit über den Henkel, ob links oder rechts, hinfällig. Mit der Kompassnadel könnten die persönlichen Befindlichkeiten und Interessen sowie die daraus entstehenden scheinbaren Widersprüche aufgehoben werden. Dies stimmt nur bedingt. Man darf den Kompass als Möglichkeit, den Streit zu schlichten, nicht überbewerten, denn ein Kompass kann defekt sein. Systemfehler fallen leider nur selten auf, und wenn sie auffallen, dann meist zu spät.

Auf den Punkt gebracht

Je enger Sie Ihr Thema eingrenzen, umso überschaubarer wird es. Wenn Sie auf einem bestimmten Gebiet Experte sind, ist es eher unwahrscheinlich, dass Ihnen nach einem Vortrag mit eng gefasstem Thema einer Ihrer Hörer eine unangenehme Frage stellen kann.

„Hormonelle Vorgänge im Engerling zwischen dem 7. und 17. Tag nach dem Schlüpfen aus dem Ei" ist ein eng gefasstes Thema.

Ein weitgefächertes Thema dagegen wäre: „Die Entwicklung des Maikäfers". Bei diesem Gesprächsstoff bieten sich eine Fülle von Fragen an: „Stimmen Sie mir zu, wenn ich das Maikäferknie als Beispiel für ein Knickhebelgelenk nehme?" oder „Sie sind doch sicher mit mir der Meinung, dass der Maikäferkreislauf ein natürlicher Vorläufer der uns allen bekannten Druckumlaufschmierung ist?"

Wichtig: Fassen Sie Ihr Thema also weiter, dann bietet es mehr Zündstoff! Sie könnten im Notfall den Fragen und Einwänden des Partners ausweichen. Für die Zuhörer wird die Diskussion durch die größere Stofffülle interessanter.

Eine Sprache, zwei Welten

Eine der wichtigsten Grundvoraussetzungen, für ein Gespräch und für gegenseitiges Verständnis, ist die gegenseitige bewusste oder unbewusste Angleichung des jeweiligen Wortschatzes: die Einigung auf eine gemeinsame Sprache mit identischem Sinn. Es ist sehr wichtig, dass Sie und Ihr Partner unter einem Wort das Gleiche verstehen! Einer von beiden muss wenigstens fragen, was eigentlich der Gegenstand des Gesprächs sei, warum Sie es führen, was hierbei sein oder Ihr Ziel sei und ob Sie dabei unter den jeweils relevanten Worten das Gleiche verstehen?

Achtung: Häufig gibt es auch Missverständnisse zwischen Männern und Frauen, da sie mit einem Wort zwei unterschiedliche Sachen meinen können. Hier ist zu klären, was der Vertreter seiner Thesen eigentlich mit den Worten meint. Doch Vorsicht, dass Sie nicht durch lauter Definitionen und Klärungsfragen den Partner nerven und so das Gespräch erschlagen.

Überlegungen vor einem wichtigen Gespräch

Wie Sie den strittigen Punkt finden

Für die strukturierte gedankliche Vorbereitung und auch den späteren Gesprächsverlauf empfiehlt sich folgende von Praktikern erprobte Formel:

Was? Warum? Wozu?

Beispiel:

- **Das Was:** Der Streitpunkt: Es geht bei einem Nachbarschaftsstreit um einen Ahornbaum, dessen Wurzeln anscheinend das Dach der gemeinsamen Tiefgarage zu durchbohren drohen. Ist man sich erst einmal über das WAS und die dazugehörigen Einzelheiten einig, ergeben sich die anderen Fragestellungen und Folgerungen daraus fast von selbst.

- **Das Warum:** Warum beschäftigt Sie das? Schließlich sprechen Sie ja nicht über alles mögliche, sondern vorwiegend über Dinge, die Sie interessieren oder die Ihnen wichtig sind.

- **Das Wozu:** Mögliche Lösungen? Erwünschte Lösungen? Haben Sie und die Partner in diesem Gespräch ein Ziel oder vielleicht sogar verschiedene Ziele? Muss der Ahornbaum tatsächlich abgeholzt werden, oder wollen die Nachbarn Sie bloß schikanieren? Schließlich ist Ihnen der Baum ans Herz gewachsen. Den Nachbarn und Miteigentümern geht es ums Abhacken. Sie aber möchten einen Gutachter einschalten, der bestätigt, dass der Ahornbaum nicht das Tiefgaragendach oder die Tiefgaragenmauer sprengen wird.

Wenn Sie im Gespräch nun den Partnern die Absicht der Schikane unterstellen, werden die das weit von sich weisen. Doch ein Gutachten, das Sie von sich aus bezahlen, wird man bei entsprechender Gutachterkompetenz kaum ablehnen können. So retten Sie vielleicht dem Ahornbaum das Leben.

Und in Ihrem beruflichen Alltag?

Stellen Sie sich vor, Sie sind Rechtsanwalt. Ihr gegenwärtiger Klient wird wohl auf das WOZU hinsteuern, etwa die Aufhebung einer Bausperre.

Sie aber sollten zunächst das WAS klären, beispielsweise ob die Bausperre rechtens ist, denn im WAS steckt in der Regel die Antwort auf die Frage nach der Zuständigkeit, den rechtlichen Möglichkeiten und der Art der zu erwägenden Maßnahmen.

Das WARUM schließlich wäre der Grund, der Anwalt und Klient zusammenführen würde: „Wenn ich keine Baugenehmigung habe, riskiere ich eine Abrissverfügung oder jahrelange Prozesse." Auch: „Sie wurden mir als kompetenter Anwalt geschildert."

Eine Formel der Juristen für Zivilprozesse oder Verhandlungen, die auch für Nichtjuristen interessant ist, lautet:

Wer? Was? Von wem? Woraus?

- Wer?

  Wer steht hier vor mir? Welche Bedeutung hat er überhaupt und welche Bedeutung für mich? Ist er zahlungsfähig oder in einer Rechtsschutzversicherung? Ist er ein armer Psychopath? Bin ich der einzige Anwalt, der ihn noch nicht abgelehnt hat? Oder wird er mir, falls wir Erfolg haben, seinen gesamten Sportverein als Klient schicken?

- Was?

  Was will er? Will er jemanden ärgern? Will er Geld oder Rache für erlittene Unbill? Wenn er das alles gleichzeitig will, wo liegt dennoch der Schwerpunkt?

Überlegungen vor einem wichtigen Gespräch

- Von wem?

  Welche Bedeutung hat der, an den er in diesem Fall Ansprüche stellt, und welche für mich? Ist der Prozessgegner überhaupt greifbar? Werden wir, weil er nichts hat, auch nichts von ihm bekommen, selbst wenn wir gewinnen?

- Woraus?

  Aufgrund welcher Rechtsverhältnisse, welcher Sachverhalte und mit welcher Begründung werden diese Ansprüche gestellt?

Praxis-Tipp:

Auch wenn Sie kein Rechtsanwalt sind, versuchen Sie es einmal vor einer wichtigen Verhandlung mit dieser Formel. Sie werden durch die Beantwortung dieser Fragen vieles klarer beurteilen können.

Konzentrieren Sie sich auf das Wesentliche

Viele Menschen, die über Ihr Leben nachdenken, sind davon überzeugt, dass es genügend Stoff für eine Autobiographie oder wenigstens für einen Roman bietet. Doch da diese Manuskripte auch Leser finden müssen, um verkauft zu werden und um wenigstens die Druckkosten zu decken, haben sowohl der Verlagslektor als auch der Zeitungsredakteur einen Fragenkatalog. Dieses Schema hilft Ihnen bei der Beurteilung des Textes, ob er das Publikum interessieren könnte oder nicht:

Wer? Was? Wann? Warum? Wie?

- Wer?

  Ist die Hauptperson Bundeskanzler oder Küchenhilfe?

- Was?

  Geht es in der Geschichte um „Sex and Crime" oder das richtige Schälen von Kartoffeln?

- Wann?

  Spielt die Geschichte in Friedenszeiten oder während eines Bürgerkriegs? Zuweilen genügt auch schon eine Vollmondnacht.

- Warum?

  Warum handeln die Personen der Erzählung so, wie sie handeln? Warum geschieht das, was geschieht?

- Wie?

  Wie geschieht das, was geschieht? Einzelheiten bringen Leben in die Geschichte. Einzelheiten wecken Gefühle, süßes Entzücken oder alptraumhaftes Grauen.

Wenn der Zeitungsartikel auf die passende Länge zu kürzen ist, wird von hinten nach vorne gestrichen.

Achtung: Wer bestimmt das WAS, das WIE und die sonstigen Umstände? Wodurch gewinnen sie anscheinend entscheidendes Gewicht?

Wenn Sie Fachleute fragen, werden die sagen: „Das ist jeweils objektiv klar und zwingend!" Oft aber scheint es nur so.

Der perfekte Scharfschütze

Die folgende Geschichte soll Sie misstrauisch gegenüber so genannten Experten machen: Einst hörte ein Fürst vom überragenden Können eines Scharfschützen. Er beschloss, ihn nach seiner Kunst und seinen Tricks zu fragen. Auf dem Weg dorthin sah er im Gras unzählige Zielscheiben liegen, die alle genau in der Mitte ein Trefferloch hatten. Um dieses Wunder genauer zu bestaunen, hob der Fürst einige Scheiben auf. Er bot dem Schützen eine hohe Belohnung, um dessen Geheimnis zu erfahren. Der Kunstschütze nahm gelassen den Beutel mit tausend Dukaten entgegen und sprach: „Die Sache ist ganz einfach. Zunächst hole ich mir ein Stück Scheibenkarton und schieße darauf. Nun steche ich mit einem Zirkel genau in das Einschussloch, ziehe eine Schar konzentrischer Kreise, nehme eine Schere und gebe dem Scheibenkarton die Form einer Zielscheibe. Den Rest besorgen die Leute, die meine Scheiben finden und meinen Ruhm in alle Lande verbreiten." (nach Rabbi Schmuel Daum aus „Rabbinische Weisheiten zu den Sprüchen der Väter")

Die inhaltliche Vorbereitung des Gesprächs

Bei der Vorbereitung, der gedanklichen Vorwegnahme des späteren Gesprächs, überlegen Sie sich einen inhaltlichen roten Faden in Gestalt einer Stoffsammlung. Schreiben Sie möglichst alle Einzelheiten, alle Argumente, alle Gedanken, die Ihrer Meinung nach im späteren Gespräch wichtig werden könnten, auf ein Blatt Papier. Während des Gesprächs haken Sie dann die Schlagworte ab, die zur Sprache gekommen sind. Ferner suchen Sie für Ihr Gespräch einen Einstieg und mögliche wichtige Sachbereiche.

Praxis-Tipp:

Ordnen Sie die Punkte Ihrer Stoffsammlung nicht nach Wichtigkeit, sondern schreiben Sie sie in beliebiger Reihenfolge auf. Diese formlose Art der Vorbereitung nennt man auch Punkteliste.

Karteikarten

Als besonders praxisnah hat sich hier die Karteikartenmethode erwiesen. Statt Ihre Punkte auf einem Zettel zu sammeln, können Sie auf folgende Weise verfahren: Vor Ihnen liegt ein Stoß leerer Kärtchen. Beschreiben Sie diese bitte nur einseitig, pro Karte ein Stichwort. Je weniger Sie schreiben, umso überschaubarer wird Ihre Stoffsammlung.

Diese Kärtchen können sie beliebig sortieren. Im Gespräch legt man die Kärtchen mit den besprochenen Themen beiseite. Diese Art der Gesprächsvorbereitung machen sich besonders Talkshow-Moderatoren zunutze, um den roten Faden während des Gesprächs nicht zu verlieren.

Wichtig: Nach dem Gespräch sehen Sie Ihre Checkliste oder die Kärtchen noch einmal durch: Was wurde vergessen? Wozu kamen Sie nicht? Dieser Rückblick ist die Nachbereitung.

Praxis-Tipp:

Was nicht abgehandelt wurde, ist in Gestalt neuer Kärtchen oder einer neuen Liste die Vorbereitung für das nächste Gespräch, die „unerledigte Punkteliste". Was fällt Ihnen außerdem noch für das nächste Mal ein? Diese Punkte fügen Sie zu den unerledigten an der passenden Stelle hinzu. Schon haben Sie einen Teil der Stoffsammlung für das nächste Gespräch. Ihrem Gegenüber ist bestimmt auch noch das eine oder andere eingefallen.

Mini-Max-Überlegungen

Bei dieser Technik steht „Mini" für Minimal- und „Max" für Maximalziele. Die Verfahrensweise beginnt mit der Festlegung von Maximalzielen. Geben Sie Ihren Träumen eine Chance! Haben

Überlegungen vor einem wichtigen Gespräch

Sie den Mut, Ihre Traumziele zu benennen, ohne wie hypnotisiert darauf fixiert zu sein.

Voller Einsatz bringt oft vollen Erfolg. Sie wollen die Stelle, auf die Sie sich beworben haben, mit allen Fasern Ihres Körpers und zeigen jetzt in dem folgenden Gespräch Ihr gesamtes Können.

Doch haben Sie die im schlimmsten Fall denkbaren Konsequenzen eines „Neins" bedacht? Mögliche Alternativen werden Sie davor bewahren, sich erpressen zu lassen. So werden Sie in das Gespräch mit dem Lächeln des Siegers gehen.

Beispiel:

Sie haben bei einem Bewerbungsgespräch finanziell nicht mit sich handeln lassen und mussten deshalb eine Absage hinnehmen. Ihr Konkurrent bekam die vakante Stelle, da seine Forderungen deutlich niedriger lagen. Er enttäuschte jedoch bald die Geschäftsführung. Nun wird der Personalchef wieder auf Sie zukommen, da er nun einsehen muss, dass Qualität ihren Preis hat. Sie bekommen eine zweite Chance.

Sollten Sie aber merken, dass Ihre Gehaltsforderungen wirklich viel zu hoch sind, müssen Sie Ihre Ansprüche schnellstens und unauffällig herunterschrauben, denn in einer schwachen Position ohne Not weiter zu verhandeln, kann für Sie teuer werden.

Das gilt nicht nur für den geschäftlichen Bereich, sondern auch für Ihr Privatleben. Einerseits bringt Beharrlichkeit häufig den Erfolg, andererseits nehmen Ihnen Penetranz und Sturheit bisweilen noch die letzte Chance.

Wichtig: Haben Sie den Mut, „Nein!" zu sagen. Machen Sie Ihrem Partner Angebote, aber bitten Sie ihn nie. Seien Sie sich bewusst, dass es letztlich nichts umsonst gibt, nicht einmal ein „Nein". Und wenn Sie ein Plätzchen am warmen Ofen wollen, müssen Sie bereit sein, die Kosten für das Heizmaterial zu tragen.

Deshalb überlegen Sie sich vorher genau, was Sie wollen. Eine Beziehung hält auf Dauer nur, wenn beide Parteien zufrieden sind.

Der versierte Kaufmann

An guten Kaufleuten hat mir stets imponiert, wenn sie nicht nur ihren, sondern auch meinen Vorteil, den Vorteil des zerstreuten Rhetorik-Lehrers, im Auge hatten: „Sie waren mit Ihren Forderungen zu niedrig. Stellen Sie uns noch eine Gerätepauschale und das Unterrichtsmaterial in Rechnung." Für so jemand zu arbeiten macht Spaß. Der vorausgehend beschriebene Kaufmann, ein Teppichhändler, sah sich bestimmt nicht als Wohltätigkeitsinstitut.

Doch worin bestand sein Vorteil, wenn er sich mir gegenüber verhielt, wie gerade geschildert? Er hat bei mir nie um Termine betteln müssen und stets auf meinen guten Willen bauen können.

Und eines seiner Lebensprinzipien war: „Spare nicht kleinlich an guten Taten und an Gefälligkeiten beim Erwerb von Freunden. Denn um Freunde muss man sich bemühen. Feinde bekommt man jede Menge umsonst."

Praxis-Tipp:

Manchmal entdecken Sie während des Gesprächs, dass Sie „viel zu billig" oder „viel zu früh zufrieden" waren. Woher kommt das? Vermutlich von einer zu oberflächlichen Vorbereitung. Sie haben sich vorher nicht genügend über die Bedürfnisse des Partners informiert, über die gegenwärtigen Marktchancen und die Preise. Und auch über Ihre Bedürfnisse sollten Sie sich klar sein.

Die Klaviertasten-Taktik

Auf dem Klavier wechseln die schwarzen und weißen Tasten einander ab. Das gab dieser Gesprächstechnik ihren Namen. So können Sie sich einmal auf eine positive Phase einstimmen und dann wieder zur Abwechslung ein grimmiges Gesicht machen. Doch auch diese Abwechslung sollte von der Vernunft gesteuert sein und nicht übertrieben werden.

Wenn Sie etwa in einer „positiven Phase" dem Partner ein Kompliment machen, weil Sie sich wieder einmal für eine „weiße Taste" entschieden haben, dann verführen Sie ihn unter Umständen dazu, „die Spendierhosen anzuziehen" und Ihnen mehr zu versprechen, als er halten kann. Im Gegenteil: Ihr Gegenüber wird Ihnen im Nachhinein sogar beleidigt sein. Er wird aus dieser Fruststimmung nur schwer wieder herauszuholen sein.

Die zwei Stimmungen kann man, wenn sie länger andauern, mit Eisenbahnschienen vergleichen. Beide Schienenstränge, sowohl die „Nein-Schiene" als auch die „Ja-Schiene", können als Dauerzustand unangenehm werden. Denken Sie das nächste Mal daran, wenn Sie mit Geschäftspartnern, Freunden oder Familienmitgliedern reden.

Deshalb sollten „Ja-" und „Nein-Phasen" immer einander abwechseln wie die weißen und schwarzen Tasten eines Klaviers.

Praxis-Tipp:

Bei einem Gespräch sollten Sie aus taktischen Gründen Tagespunkte, die Ihnen selbst wichtig sind, abwechselnd mit Themen, von denen zu erwarten ist, dass sie dem Partner wichtig sind, behandeln.

Die Klaviertasten-Technik gibt Ihnen die Möglichkeit zu folgender Argumentation: „Vorhin lehnten Sie ab, stimmen Sie doch jetzt einmal mir zu!" oder „Vorhin habe ich nachgegeben, jetzt sollten Sie einmal nachgeben."

Beispiel:

Mir erzählte ein Bürgermeister, dass er im Rathaus bewusst Anträge einbringe, von denen zu erwarten sei, dass sie der Gemeinderat ablehne, damit dann der folgende Antrag angenommen werde. Der Bürgermeister beichtete mir: „Die gucken ganz glücklich, wenn sie mich runterbügeln können. Aber ich gönne ihnen das. Doch anschließend bringe ich durch, was immer mir am Herzen liegt."

Wichtig: Bei Punkten, die Ihnen unwichtig sind, ist es leicht, nachzugeben.

„Strickleiter" und „Sprossenwand"

Wenn Sie Ihrer Stoffsammlung eine sinnvolle Reihenfolge geben, entsteht die „Strickleiter". Die Strickleiter perfektionieren manche zu einem kompletten Drehbuch. Dabei entsteht die Gefahr, dass sie die Angelegenheit unnötig kompliziert machen, den Überblick verlieren oder für noch bessere Ideen blockiert sind.

Hängen Sie passende Strickleitern nebeneinander, so dass Sie bequem von der einen zur anderen wechseln können, dann haben Sie eine „Sprossenwand".

Beispiel:

Vorüberlegungen eines Pharmazie-Beraters vor einem Arzt- oder Apothekenbesuch:

1. Der Eisbrecher: „Herr Dr. Adam, hier habe ich einen Tausendmarkschein und hier eine Eieruhr. Wenn der Sand durchgelaufen ist und ich rede noch, gehören die tausend Mark Ihnen."

2. Die Strickleiter: „Ein Diabetiker findet heutzutage in der Apotheke viele Medikamente, die ihm ein fast normales

Leben ermöglichen. Er muss nur genau nach Anweisung leben. Dann darf er zum Frühstück sogar Marmeladenbrötchen, Schwarzwälder Kirschtorte oder Schweinsöhrchen essen. Doch nimmt er seine Medikamente nicht nach Vorschrift ein, wird er, etwa beim Autofahren, vom Tod bedroht."

3. Eine zweite Strickleiter: „Aber müssen Sie zum Frühstück wirklich Marmeladenbrötchen, Schwarzwälder Kirschtorte oder Schweinsöhrchen essen? Drei Spiegeleier auf Schinken, dazu Eisberg-Salat mit ballaststoffreichem Knäckebrot, reichlich grünem Tee ohne Zucker und eine große Portion echte Fleischbrühe dürften ein sättigendes Frühstück sein, das den Patienten durchaus leistungsfähig macht. Weil es eigentlich ein Diätfrühstück ist, lässt es den Diabetiker mit einem Mittagessen nach Diätplan den Tag auch ohne Medikamente überstehen."

So ergeben 2. und 3. nebeneinander zusammen eine „Sprossenwand", bei der Sie ohne Mühen von einer Alternative zur anderen wechseln können.

Die Vorteilsargumentation

Welchen Nutzen hat der Partner von Ihren Vorschlägen? Wollen Sie einem Kunden ein Werkzeug verkaufen, dann verkaufen Sie ihm den Nutzen des Gerätes – verkaufen Sie ihm beispielsweise gebohrte Löcher pro Minute: „Mit dem BOSCH-Bohrhammer werden Sie so schnell Löcher bohren, dass die einzelnen Löcher pro Minute Bohreinsatz preiswerter sein werden als die vergleichbaren Löcher bei einem scheinbar billigeren Bohrhammer der Konkurrenz!"

Was können Sie dem Partner beim Gespräch als Tauschware bieten? Und was wird es ihm wert sein?

Praxis-Tipp:

Legen Sie bereits bei der Gesprächsvorbereitung den roten Faden fest.

Wie erreiche ich mein Ziel?

Sie sind beispielsweise Jungunternehmer und besprechen mit Ihren Gesellschaftern den weiteren Geschäftsverlauf.

- Ist:

  „Wir haben kein Geld."

- Soll:

  „Wir brauchen aber welches."

- Lösung:

  „Sehen wir zu, dass die Kunden schneller zahlen. Ich werde sie anrufen, denn Mahnungen alleine helfen da nicht viel."

- Zielerreichung:

  „Im letzten Jahr hat das mit der Telephonaktion gewirkt."

Zwei Freunde diskutieren über Gefahren, die ein ungesunder Lebenswandel mit sich bringt: „Letzte Woche war ich auf der Beerdigung meines Freundes Paul. Er ist 88 Jahre alt geworden. Ein schönes Alter. Und er hat bis zuletzt noch jeden Tag seine Zigarre geraucht und sein Gläschen Wein getrunken. Ich meine, wir sollten uns durch die Gesundheitsapostel nicht noch den letzten Spaß am Leben rauben lassen."

Wichtig: Durch das Benennen von Ausnahmen und guten Beispielen kann man das Gegenüber leichter überzeugen.

Überlegungen vor einem wichtigen Gespräch

Präzisieren Sie Aufgaben!

Zur Gesprächsvorbereitung gehört auch die Festlegung der zu verteilenden Aufgaben. Fühlen sich alle Beteiligten eines Gesprächs verantwortlich, kommt man bei der Gesprächsführung effektiver zu Ergebnissen.

Wenn Sie Aufgaben delegieren, vergessen Sie bitte nicht, diese Aufgaben eindeutig mit Terminen zu verbinden: „In einer Woche, heute ist Dienstag, also Dienstag in einer Woche, teilen Sie mir bitte den Stand Ihrer Arbeit mit!"

Und machen Sie in Gegenwart des Partners über seine Aufgabe und darüber, wann und wie eine Rückmeldung erfolgen wird, einen Aktenvermerk.

Wenn Sie die Folge WAS, WARUM, WOZU als Gliederung verwenden, wird daraus bei Aufgaben: Was? Warum? Wozu? Durch wen? Bis wann?

„Herr Dr. Müller, Sie werden also zusammen mit Herrn Schulze am Dienstag, Mittwoch und Donnerstag in Paris auf der dortigen Messe unseren Stand übernehmen. Ferner organisieren Sie den Transport der Waren und die Mannschaft, die den Stand aufbaut und betreut. Ich weiß, dass ich mich auf Sie verlassen kann. Damit ich aber nachts ruhig schlafe, erwarte ich ab übermorgen täglich um neun Uhr Ihren Anruf, bei dem Sie mir sagen, wie die Sache läuft und gegenüber wem ich noch energisch werden muss. Sie brauchen mir nur Bescheid zu geben, Sie nehmen mir damit eine Menge Mühen und Ärger ab. Auch für die Messe in Hongkong werde ich mich wieder auf Sie verlassen."

Vom Geld reden Sie ganz zum Schluss!

Kaufleute sagen, wer als erster vom Geld anfängt, ist der Verlierer. Sie reden erst vom Geld, wenn man den Füller für die Unterschrift zückt. Auch von Anwälten habe ich am Ende eines

Gesprächs schon gehört: „Die Beratung dauerte 90 Minuten. Das macht 180 Mark! Sie zahlen doch bar?"

Die Sitzordnung und ihre Folgen

Die Stimmung bei einem Gespräch kann häufig von äußeren Umständen negativ oder positiv beeinflusst werden. Die Sitzordnung ist ein oft vernachlässigter Faktor, der dennoch wesentlich zur Gesprächsatmosphäre beiträgt. Umso schlimmer ist es, wenn Sie die folgenden Regeln nicht beachten oder gar für nebensächlich halten.

Vis-à-vis

Wenn Sie sich gegenübersitzen, können Sie Ihrem Partner in die Augen schauen. Dann glauben Sie zu erkennen, was er vorhat, sind deshalb gelassen, wenig aggressiv und fassen leicht Vertrauen. Frauen mögen es besonders, wenn man Ihnen gegenüber sitzt. Sie schätzen das offene, distanzierte Gespräch. Setzen Sie sich einer Frau gegenüber, fühlt sie sich meistens wohler, als wenn Sie neben ihr sitzen und sie sogar anfassen könnten. Ihr Gegenüber verliert leichter seine Scheu, gewinnt Vertrauen und hat bisweilen den Mut, vielleicht sogar das Bedürfnis, die Initiative zu ergreifen.

Negativ an dieser Sitzordnung ist, dass sie die Konfrontation fördern kann. Vermeiden Sie deshalb Situationen, bei denen das Gegeneinander unter Umständen schon in der Sitzordnung steckt.

Bittet Sie Ihr Dialogpartner gegenüber seinem Schreibtisch Platz zu nehmen, ist das manchmal Grund genug für Schwierigkeiten. Sie treten in sein Revier ein. Für Ihren Partner handelt es sich um ein Heimspiel. Er könnte Sie bei einem Gespräch auflaufen lassen. Oder Sie merken, dass Sie in sein Revier eindringen, und halten sich in dieser Situation nicht für gleichberechtigt. Aggressionen können geschürt werden.

Überlegungen vor einem wichtigen Gespräch

So war es auch keine gute Idee, als ein Verkaufsleiter für seine Vertreter Prospekte drucken ließ, mit dem gleichen Motiv auf der Vorder- und Rückseite – einmal für den Vertreter lesbar und einmal für den Kunden. Hier steckt die Konfrontation schon im Aufbau des Prospekts.

Wichtig: Nicht jeder Besuchte hat eine Konferenzecke oder die Möglichkeit, Sie übers Eck zu setzen.

Von Mauern und Schützengräben

Wenn Sie sich fragen, welcher Gesprächspartner Ihnen besonders sympathisch ist, dann wohl der, den Sie für flexibel, offen, ehrlich und zugänglich halten. Baut er aber Trennbereiche vor Ihnen auf, werden Sie ihn ohne großes Nachdenken für unzugänglich, abweisend, wenn nicht gar für eingebildet und unsympathisch halten. Selbst bei Büromöbelmessen wird darauf nur selten geachtet. Aktenberge, Computer, Telephone und Kabelsalat überladen häufig die Ablagefläche der Schreibtische und lassen sich mit feindlichen Schützengräben vergleichen. Das Schlimme an dieser kommunikationsfeindlichen Situation ist, dass sie meist aus reiner Gedankenlosigkeit entsteht.

Praxis-Tipp:

Rücken Sie Ihren Schreibtisch direkt an eine Zimmerwand. Zum Schreiben und Lesen ist es günstig, wenn das Licht seitlich kommt, dort also ein Fenster ist. Eine Reihe von Ablagetischen vor der Heizung wird Schutz vor unangenehmer Heizungshitze bieten. Wenn Sie nun auf einem Drehstuhl mit dem Gesicht zur Wand sitzen, haben Sie eine optimale Arbeitsposition, die Konzentration wird Ihnen leicht fallen. Bekommen Sie aber Besuch, drehen Sie Ihren Sessel in den Raum. Der Gast sitzt auf einem weiteren Sessel am Beistelltisch vor dem Fenster. Hier kann er seine Sachen ablegen.

Zwischen Ihnen und Ihrem Besuch befindet sich nun kein trennender Bereich mehr. So wenden Sie einander locker und entspannt die gesamte Körperfront zu. Die Situation wirkt offen, natürlich und informell, meistens auch kreativ. Der Partner wird Sie also, ohne zu ahnen, warum, für einen offenen, sympathischen, ja ungewöhnlichen Menschen halten (nach Mehrabian).

Wenn Ihr Partner neben Ihnen sitzt

Einfacher ist es, den Partner in die Konferenzecke neben sich auf das Sofa zu bitten. Achten Sie darauf, dass Ihr Schreibtisch von der Konferenzecke räumlich eindeutig getrennt ist. Denn in der Konferenzecke sind Sie auf neutralem Gebiet; unterbewusste Revierkämpfe werden so verhindert.

Praxis-Tipp:

Die gleichberechtigte Sitzordnung ist ein Zeichen für ihre Partnerschaft. Wenn Sie während des Gesprächs einen wichtigen Entschluss fassen, liest Ihnen das der Partner nicht gleich von den Augen ab. Ihre Mimik und Gestik ist entspannter.

Leider hat nicht jeder Kunde eine Konferenzecke. Dann bleibt Ihnen bisweilen nur, sich an seinem Schreibtisch neben ihn zu setzen, „damit Sie besseren Einblick in meine Papiere haben."

Aber Vorsicht, Sie sind jetzt in sein Revier eingedrungen.

Sitzordung bei mehreren Gesprächsteilnehmern

Manchmal kommt es vor, dass mehr als zwei Personen an einem Gespräch teilnehmen. Es sitzt also sowohl links als auch rechts neben Ihnen jemand. Das an sich ist schon unangenehm. Doch noch unangenehmer ist es, wenn beide Partner auf einer Seite sitzen und Sie auf der anderen. Da empfiehlt sich die Sitzordnung gleichsam im Dreieck um einen runden Tisch.

Nun sind die Teilnehmer augenscheinlich ranggleich – eine Situation, die sich besonders bei heiklen Gesprächen anbietet.

Hat man als Gestgeber die Sitzordnung in der Hand, wird man diese Form wählen, um Aggressionen und Rangstreitigkeiten zu vermeiden, die die Kreativität und den Lösungs- und Leistungswillen blockieren können. Durch eine gleichberechtigte Ordnung entsteht eine lockere Atmosphäre und kreative Gespräche werden gefördert.

Checkliste: Vorbereitung des Gesprächs

- Die beste Gesprächstechnik ist die, die nicht auffällt.
- Gehen Sie möglichst offen in ein Gespräch.
- Fragen Sie sich vor einem Gespräch stets: „Wie sieht mein Partner die Fey-Tasse?"
- Äußern Sie Ihre Meinung nur vorsichtig.
- Je enger Sie Ihr Thema eingrenzen, umso überschaubarer und beherrschbarer wird es.
- Was? Warum? Wozu? Und wenn Sie Aufgaben verteilen, wird daraus: (1) Was? (2) Warum? (3) Wozu? (4) Durch wen? (5) Bis wann?
- Die richtige Vorbereitung ist der halbe Erfolg.
- Hindernisse auf Schreibtischen müssen überwunden werden.
- Eine „Unerledigte Punkteliste" hilft Ihnen bei der Nachbereitung Ihres Gesprächs.
- Mini-Max-Technik: Was ist ihr Ziel, das Sie im besten Fall erreichen können?
- Die Klaviertasten-Technik: „Ja-" und „Nein-Phasen" sollten einander abwechseln.
- Der rote Faden dient anschaulich als Gedankengerüst.
- Die Sitzordnung kann den Verlauf einer Diskussion beeinflussen.
- Über Geld reden Sie erst zum Schluss!

Elemente der Überzeugungskraft

2

Der erste Eindruck

„Für einen anständigen Menschen ist es wichtiger, dass er ehrenhaft erscheint, als dass seine Rede schlüssig ist." (nach Aristoteles)

Auf den ersten Blick erscheint der Ausspruch von Aristoteles absurd. Doch wissenschaftliche Studien haben den Beweis bereits geliefert.

Wenn Sie einzelne Elemente der Überzeugungsarbeit nach ihrer Wichtigkeit bewerten wollen, zählen Ihr Auftreten, Ihr Äußeres, Mimik und Körpersprache zu etwa 55 Prozent, der Klang Ihrer Stimme, Tonfall/Sprechweise zu etwa 35 Prozent und der Inhalt des Gesagten zu etwa 7 bis 8 Prozent (nach A. Mehrabian in „In Silent Messages").

Mehrabian gewinnt diese Prozentangaben in naturwissenschaftlichen Verfahren über Messungen der Leitfähigkeit der Haut, des Herz- und Lidschlages, freie Wortassoziationen etc.

Diese Zahlen sind besonders wichtig, wenn zwischen den einzelnen Elementen Widersprüche auftreten: Die Körpersprache sagt etwas anderes als die Stimme, der Inhalt der Worte wieder etwas anderes als Körper und Klang der Stimme zusammen.

Das bestimmte Auftreten

Reitlehrer rufen ihren Schülern immer das Gleiche zu: „Kopf hoch! Größer werden! Schultern zurück!" Wenn Sie einem Pferd nicht durch ihre Körperhaltung vermitteln, wer hier den Ton angibt, wird es Sie abwerfen. Ist das nicht erschütternd? Ganze 7 bis 8 Prozent der Wirkung hängen vom Inhalt Ihrer Worte ab, 90 Prozent aber von Dingen, mit denen Sie auch den Dackel Waldmann oder das Pferd Daisy beeindrucken.

Der Souveräne und der Unsichere

Jemand betritt einen Raum. Das allgemeine Stimmengemurmel verstummt. Köpfe drehen sich nach ihm um. Dieser Mensch wirkt selbstsicher, geht in angemessenem Schritt mit erhobenem Kopf. Er lässt den Blick durch den Raum schweifen und hat keine Scheu, mit Fremden Blickkontakt aufzubauen. Außer einer gewissen Gelassenheit strahlt er vor allem Bestimmtheit aus. Bezeichnen wir ihn als äußerst souverän. Er demonstriert Ihnen, dass Sie zum Überzeugen nicht viele Worte brauchen. Es genügt, dass Sie überzeugend sind.

Beispiel:

- Ein souveräner Handwerker verlässt gerade eine Damentoilette, in der er einen Dichtungsring ausgetauscht hat. Dank seines bestimmten Auftretens wird eine entgegenkommende Frau denken, sie habe sich in der Tür geirrt. Bei einem unsicher auftretenden Klempner würde sie sich wahrscheinlich denken: „Du Sittenstrolch!"

- Angenommen, der souveräne Mensch sei Fernsehtechniker. Um ein Kabel verlegen zu können, muss er den Käfig des Kanarienvogels an einen anderen Ort versetzen. Gerne hilft ihm dabei die Hausfrau. Wirkt er jedoch unsicher und ängstlich, wird er beschimpft und muss sich rechtfertigen.

Der Blender beeindruckt nur kurz

Sicheres Auftreten setzt man in der Regel mit Verlässlichkeit und Kompetenz gleich. Ein Mensch mit souveräner Ausstrahlung wird von seinem Gegenüber automatisch mit Respekt behandelt. Bestimmtheit darf nicht mit Angeberei verwechselt werden. Ein

Elemente der Überzeugungskraft

Blender findet zwar für kurze Zeit Beachtung und Respekt, doch wenn nicht noch andere Eigenschaften, wie zum Beispiel Intelligenz und Witz, hinzukommen, schlägt dieser Respekt in Ablehnung und Enttäuschung um.

Körpergefühl ist Lebensgefühl

Vor einigen Jahren sollte ich im Rahmen einer Resozialisierungs-maßnahme jugendlichen Strafgefangenen ihr Selbstbewusstsein aufbauen. Anschließend sollten sie sich nicht mehr scheuen, ihren Mitmenschen offen in die Augen zu schauen. Das war so eine Knochenarbeit, dass ich jeweils Tage brauchte, um mich von den einzelnen Terminen zu erholen.

Gerade vorbestrafte Menschen haben häufig wenig Selbst-bewusstsein, das sieht man Ihnen eben an.

Praxis-Tipp:

Gehen Sie aufrecht und tragen Sie Ihren Kopf mit Stolz, denn Selbstsicherheit fängt bei der Kopfhaltung an. Körpergefühl ist Lebensgefühl.

Der Schein trügt nicht!

Um erfolgreich zu sein, sowohl beruflich als auch privat, müssen Sie genau das ausstrahlen, was Sie sagen und wollen. Ein schäbig angezogener Verkäufer kann Ihnen keine teure Designerkleidung verkaufen, und ein verklemmter Dozent kein Flirtseminar leiten. Werden Sie zur konkreten Verkörperung Ihres Wollens.

Wenn Sie Ihre Aussagen verinnerlichen, werden Sie von Kopf bis Fuß zu Argumenten, gegen die es keinen Widerspruch gibt.

Sagen Sie nicht, ich möchte aus Ihnen einen eingebildeten, größen-wahnsinnigen Lackaffen machen! Ich möchte einfach, dass Sie mit Stolz und Würde durchs Leben gehen. Blicken Sie nicht ängstlich zu Boden, als wären Sie ein armer Hühnerdieb. Kopf hoch, Schultern zurück, das Rückgrad gerade!

Finden Sie Ihre Rolle!

Zur Selbstsicherheit gehört ferner, dass Sie sich selber sympathisch finden. Warum sollten die anderen Sie sympathisch finden, wenn Sie sich selber nicht mögen?

Einen recht einfachen Zugang bietet Ihnen folgende Frage: „Wie sehen Menschen aus, die Ihnen und Ihren Mitmenschen sympathisch sind?" Dabei werden Sie zu Ihrem Erstaunen erkennen müssen, dass es in der Regel nicht so sehr die Menschen sind, die Sie sympathisch finden, sondern vielmehr die Rollen, die sie in Ihrem Leben spielen.

Wichtig: Sie brauchen also nicht Ihre Persönlichkeit oder Ihren Charakter zu verbiegen, sondern müssen nur eine Rolle für sich finden, die in die Begegnung mit den Gesprächspartnern passt, die Ihnen auf den Leib geschneidert ist und zu der Sie stehen können. Zum Beispiel die Rolle des freundlichen, geduldigen und kompetenten Verkäufers aus dem Baumarkt, der mich beim Kauf von Dichtungsringen für mein Badezimmer berät, obwohl es dabei nur um Pfennigbeträge geht.

Haben Sie für sich die richtige Rolle gefunden, dann werden Sie erfolgreicher sein. Welche Kellnerin wird mehr Trinkgeld bekommen: die mit dem genervten Blick oder eine liebenswürdige, hilfsbereite Bedienung?

Sicheres Sprechen

Sicherheit zeigt sich besonders in der Sprechweise.

Der Souveräne spricht ruhig und weitgehend in einer Stimmlage, der so genannten Indifferenzlage.

Elemente der Überzeugungskraft

In der Indifferenzlage befinden Sie sich, wenn Sie entspannt sind, beispielsweise in der Badewanne liegen. In dieser entspannten Situation klingt Ihre Stimme ruhig und angenehm, das Sprechen strengt am wenigsten an. Es gelingt jedoch nicht immer, die Indifferenzlage zu halten.

Der altrömische Bodenreformer Gaius Sempronius Gracchus hatte ein kleines stimmliches Problem: Immer wenn er sich aufregte, wurde seine Stimme schrill. Bei seinen Reden, und er musste viele halten, wirkte das sehr störend. Hier fand er folgende Lösung: Stand er auf der Rednerbühne des Forum Romanum, saß hinter der Bühne ein treuer Diener mit einer Flöte, die auf nur einen Ton, die Indifferenzlage des Gracchus, gestimmt war. Kreischte er wieder unsouverän, ertönte hinter der Bühne die Blockflöte.

Praxis-Tipp:

Wenn Sie merken, dass Ihre Stimme anfängt schrill zu klingen, Ihr Sprechen schneller und schneller wird, Sie in Ihrer Stimme einen Drang zu Rechthaberei, Penetranz oder Übereifer entdecken und kein freundlicher Flötenspieler in der Nähe ist, sollten Sie diese Überspannung selber bemerken: Lehnen Sie sich bequem in Ihrem Stuhl zurück, lassen die Schultern locker hängen, atmen ruhig durch, verlangsamen das Sprechtempo und setzen bewusst Pausen. Durch die Entspannung senkt sich die Höhe Ihrer Stimme, und Sie nähern sich wieder Ihrer Indifferenzlage.

Achten Sie auf Ihr Sprechverhalten

Sie gliedern Ihre Gedanken, indem Sie Ihr Sprechtempo wechseln. Mit Pausen, durch Heben und Senken der Stimme verleihen Sie Ihrem Gesagten Nachdruck oder Zurückhaltung. Anhand dieser Merkmale lässt sich auch sicheres Sprechverhalten von unsouveränem unterscheiden.

Der gelassene Sprecher macht kaum fragende Stimmanhebungen an den Satzenden, aber auch nicht übermäßig viele bekräftigende Stimmsenkungen. Das hat er gar nicht nötig. Wenn er gerade spricht und ihn jemand unterbrechen will, spricht er noch etwas ruhiger, langsamer und leiser weiter, gelassen, lächelnd und selbstverständlich. Höchstens dass er etwas deutlicher artikuliert, abwehrend, besänftigend eine Hand ausstreckt und dabei den Partner anschaut. Anschließend wird er ihm ohne Zögern das Wort geben: „Sie wollten etwas sagen?"

Achtung: Der Unsichere zeigt seine Unbeholfenheit durch viele fragende Stimmanhebungen an den Satzenden, vielleicht hofft er so auf Zustimmung des Gegenübers. Dabei ist der Blick meist scheu gesenkt, unruhig oder schweift suchend umher. Oft spricht er zu leise.

Blickkontakt ist wichtig

Ob jemand laut oder leise spricht, hängt häufig von der Emotion des Sprechers und der Reaktion des Zuhörers ab.

Damit Sie und ich hier unter den Begriffen „laut" und „leise" das Gleiche verstehen, will ich versuchen, von Ihren und meinen Emotionen auszugehen. Im Alltag, etwa beim Abhalten von Vorlesungen, richte ich mich soweit wie möglich nach meinen Partnern und deren Mimik. Das setzt natürlich ständigen Blickkontakt mit den Gesprächspartnern voraus.

In der Antike verglich man den auf Wirkung sprechenden Redner mit einem Bogenschützen: So wie der Schütze seinen Pfeilen nachblickt, um zu sehen, ob er sein Ziel getroffen hat, soll der Redner seinen Worten nachblicken, um das Feedback zu erkennen.

Im übertragenen Sinne gilt das auch für die Partner im Gespräch. In der Folge wird Ihr Partner also durch seine Mimik bestimmen, wann Sie die eine oder andere Pause machen. Wenn er genervt oder ratlos das Gesicht verzieht, zeigt er Ihnen, dass er Sie als zu unverständlich, zu langweilig, zu laut, zu leise, zu undeutlich, zu langsam oder zu schnell empfindet.

Praxis-Tipp:

Ihr eigenes Gefühl, „bei diesem Tempo schlafe ich noch selber ein", spielt hier keine Rolle. Sie kennen in der Regel Ihren Stoff bereits, der Partner hört das zum ersten Mal und braucht mehr Zeit als Sie, um Ihre Worte zu verstehen. Es kommt auf die Reaktion des Partners an und nicht auf Ihr subjektives Gefühl.

Sie werden in der Regel laut, wenn Sie sich aufregen oder aufregen wollen, und leise, wenn Sie Ihrer Stimme eine besonders emotionale Wirkung geben möchten. Denken Sie einfach an das Erzählen von Märchen, Witzen oder Alltagserlebnissen oder an das Brüllen eines zornigen Beschwerdeführers.

Der Souveräne wird häufig, besonders wenn er sich wirklich ärgert, leiser. Das gibt seiner Stimme einen scharfen, strengen, zuweilen geradezu furchterregenden Klang.

Der Unsichere fängt gerne an zu brüllen, wenn er sich ärgert. Doch häufig wagt er aus Unsicherheit gar nicht in Zorn zu geraten. Er lässt in der Regel seinen Zorn nur an vermeintlich Schwächeren aus.

Beispiel:

Herr Spring wird in der Arbeit häufig von seinem Chef heruntergeputzt. Nach der Arbeit ist er stets deprimiert und lässt den Frust an seiner Familie aus. Obwohl er sich eigentlich über den ungerechten Chef ärgert, müssen seine Frau und Kinder darunter leiden.

Fazit: Der Souveräne blickt also beim Sprechen die Leute an, um zu sehen, wie sie reagieren. Er macht Pausen, um jeweils die Wirkung seiner Worte abzuwarten und dem Partner Zeit zum Durchdenken der Ausführungen zu geben. Er spricht ruhig und gelassen.

Der Unsichere macht beim Sprechen zu wenig Pausen, denn er hat Angst, es könnte ihm jemand dazwischenreden. Oft spricht er zu schnell oder gar gehetzt.

> **Praxis-Tipp:**
>
> Sprechen Sie Ihr Gegenüber mit seinem Namen an. Falls Sie dies noch nicht tun, sollten Sie bei der nächsten Gelegenheit damit anfangen. Es ist ein wirkungsvolles Mittel, um eine angenehme Gesprächsatmosphäre herzustellen, denn der Partner fühlt sich bei der Nennung seines Namens respektiert.

Lassen Sie Ihren Partner auch zu Wort kommen!

Der Souveräne hat ein Gespür für seine Gesprächspartner und lässt sie zu Wort kommen. Er wendet sich ihnen ganz zu, ohne sie zu unterbrechen. Dies kann manchmal zu komischen Szenen führen, da viele unserer Mitmenschen es gewohnt sind, meist schon aus dem Elternhaus, gerade von Autoritätspersonen beim Sprechen dauernd unterbrochen zu werden.

Wenn sie mit Verblüffung entdecken, dass sie immer noch das Wort haben, halten sie plötzlich mitten im Satz inne, das Gesicht voller Erstaunen. Aus Unsicherheit oder Verlegenheit enden sie dann häufig mit einem gemurmelten „Nicht wahr?" oder „Das war nur so eine Meinung von mir ..."

Wichtig: Machen Sie sich bewusst, ob und wann Sie solche Verlegenheitsfloskeln benutzen. Die sollten Sie nämlich möglichst vermeiden, damit Sie sicherer und gelassener wirken.

Fazit: Um zu überzeugen, müssen Sie überzeugend sein.

Gelassenheitstraining

Vorbemerkung zur Situation, in der Sie sich oft bewegen: Viele Menschen sind immer seltener in der Lage, mit Konflikten umzugehen, sie zu bestehen und aufzuarbeiten. Sie benehmen sich einerseits wie verwöhnte Kinder, scheuen die Auseinandersetzung, sind schnell beleidigt oder ergreifen die Flucht, obwohl sie Stärke zeigen sollten.

Oder es handelt sich um das Gegenteil: Besonders streitlustige Menschen machen aus Mücken Elefanten und suchen den Streit um des Streites willen.

Führungskräfte im Management verbringen bis zu 80 Prozent ihrer Arbeitszeit in Konferenzen. Teamfähigkeit, Konfliktfähigkeit, Konfliktbewältigung und Stressbewusstsein sind hier Grundvoraussetzungen um erfolgreich zu sein. Nicht nur das Management, sondern auch dessen Mitarbeiter brauchen diese Fähigkeiten, um im Team effektiv zu arbeiten.

Umgang mit Konflikten im Alltag

Einerseits bedeuten Konflikte am Ende meist Reibungsverluste und Kraftverschwendung für Nebensächlichkeiten. Deshalb ist der beste Konflikt der, der friedlich gelöst oder sogar verhindert wird. Andererseits bekommen Sie Magengeschwüre, wenn Sie versuchen, allen Zank und Streit zu klären oder im Keim zu ersticken.

Am vernünftigsten ist es, sich zu überlegen, wie Konflikte gutwillig aufgearbeitet werden könnten oder wie Sie eine friedliche Grundstimmung verbreiten können. Jeder gelöste Konflikt trägt zum kreativen Miteinander bei. Feste Spielregeln ermöglichen faires Verhalten und Respekt gegenüber Schwächeren.

Als Übungsfeld eignet sich besonders die Familie. Denn sie umfasst Eltern und Kinder, Männer und Frauen, Jungen und Mädchen, Junge und Alte.

Normalerweise sind Kinder wesentlich schwächer als Erwachsene. Das bewirkt bei Konflikten, dass Kinder angeblich Unrecht haben, wenn sie nur den Mund aufmachen. Kinder werden nicht ernst genug genommen, Ihnen wird bei Konflikten seltener zugehört oder sie werden dauernd unterbrochen.

Wenn Kinder beim Sprechen hetzen, wollen sie vielleicht auch einmal einen Gedanken zu Ende bringen. Deshalb sprechen sie bei Diskussionen oft laut, schnell und am Stück, gewissermaßen ohne Atem zu holen.

Das Sanduhr-Ritual

Ein ganz banales Ritual schafft hier Abhilfe. Bei Familienstreitereien, „Wohin in den Ferien?" oder „Was willst du mit so einem Zeugnis einmal werden?" oder „Wann sollte man in deinem Alter abends zu Hause sein?", sitzt die Familie um einen Tisch. In der Mitte des Tisches steht eine Sanduhr. Sie werden nach den ersten Erfahrungen mit dieser Methode glauben, die begrenzte Zeit der Sanduhr sei viel zu lang. Doch gerade durch diese einfache Methode und die Empfindung, man habe genügend Zeit, gewinnen Familienstreitereien Form und Gelassenheit.

Übung

Jeder am Tisch darf die Sanduhr nehmen, anheben oder umdrehen, und hat dann das Wort, solange der Sand rinnt. Nun darf ihn keiner unterbrechen, es sei denn, der Sprechende will eine Antwort hören. Er hebt die Sanduhr hoch und gibt sie somit frei. Wer darauf antworten möchte, nimmt selbst die Sanduhr und dreht sie um. Nun hat er das Wort, solange der Sand rinnt.

Ich habe hierbei selbst schon erheiternde Szenen erlebt, als beispielsweise die Jüngste am Tisch, ein vierjähriges Mädchen, das Wort hatte, aber nichts sagte. Sie genoss einfach ihre Macht. Wer erzieht da wen: die Eltern die Kinder oder die Kinder ihre Eltern?

Elemente der Überzeugungskraft

Erstens wird durch den rinnenden Sand der Redefluss der Beteiligten, auch der von Mutter und Vater, begrenzt und zur Präzision gezwungen. Zwar kann man auch fünf Minuten lang schwafeln, doch denken Sie an den Universitätsdozenten, der es gewohnt ist, 90 Minuten am Stück zu reden; so etwas ist beim Sanduhr-Ritual unmöglich.

Und zum Zweiten gewinnt so auch die hitzigste Auseinandersetzung an Ruhe und Gelassenheit.

Denken Sie positiv!

Bitte beobachten Sie einmal sich und Ihren Gebrauch der Sprache. Verwenden Sie allen Mitmenschen und auch Tieren gegenüber den gleichen Ton und den gleichen Wortschatz? Wann sprechen Sie Dialekt und wann Hochdeutsch? Wann, wo und wem gegenüber verwenden Sie Kraftausdrücke?

Machtsprache

Positiv handelnde Menschen verwenden auch positiv besetzte Worte. Positive Worte formen positive Menschen und erzeugen positive Situationen. Das Denken und Fühlen vollzieht sich im Körper, wird durch dessen Grundstimmung gefärbt und ist weitgehend an Wörter gebunden. Das eine beeinflusst das andere: die Grundstimmung die Wörter und umgekehrt. So sind Sie in der Lage, durch eine bewusste Verwendung der Sprache in einfacher Weise auf sich und auf andere Einfluss zu gewinnen.

Sie können das Gewöhnung nennen, der Psychologe spricht von „Konditionierung". Diese positive, zugleich gelassene und dennoch bestimmte Sprache ist die Sprache der Mächtigen. Sie kennen keine Angst und haben es nicht nötig zu drängeln, daher wird diese Sprache auch „Power-Talk" (engl.: Machtsprache) genannt.

Wichtig: Achten Sie auf Ihre Wortwahl und ersetzen Sie negative Formulierungen durch positive: „Das Glas ist noch halb voll" statt „Das Glas ist schon halb leer".

Findige PR-Agenturen der großen Unternehmen haben längst gemerkt, dass sich positive Bilder besser verkaufen als negative.

Aus Imagegründen heißt die „Sterbekasse" inzwischen „Lebensversicherung" und die „Krankenkasse" nennt sich „Gesundheitskasse".

Praxis-Tipp:

- Sagen Sie: „Wir haben bis 18.00 Uhr für Sie geöffnet!" und nicht „Wir schließen um 18.00 Uhr."

- Gewöhnen Sie sich an zu sagen, was Sie können, und nicht, was Sie nicht können. Statt „Ich kann Ihnen leider nicht weiterhelfen." sagen Sie: „Meine Kollegin ist unsere beste Fachkraft auf diesem Gebiet. Die wird sich um Sie kümmern."

- Drohen Sie nicht, wenn Sie die Drohung nicht wahr machen wollen. Am besten ist es, Sie vermeiden Drohungen ganz.

- Nicht: „Wenn du dir nicht die Zähne putzt, bekommst du Karies!" Sondern: „Wenn du immer fleißig putzt, behältst du deine schönen Zähne bis ins hohe Alter."

Bereits Sokrates wusste es: „Sage nicht, wer lügt, wird von Göttern und Menschen gehasst. Sondern: Wer die Wahrheit sagt, wird von Göttern und Menschen geliebt."

Vorsicht vor unnötigem Sicherheitsbedürfnis, das zu Entschuldigungen im Voraus führt und ihre Partner skeptisch macht: „Ich bin da ganz bestimmt eine Niete, doch wir könnten es wenigstens versuchen!" Sagen Sie dann besser gar nichts, gehen die Sache mutig an und versuchen Ihr Bestes.

Dialekt als persönliche Note

Entschuldigen Sie sich niemals für Ihren Dialekt. Vielleicht stoßen Sie Ihre Mitmenschen erst mit der Nase darauf, Ihre persönliche Note als negative Eigenschaft zu empfinden. Oft wirkt es gekünstelt und unbeholfen, wenn jemand krampfhaft versucht, Hochdeutsch zu sprechen. Wenn einer den Mut besitzt, sich zu seiner regionalen Herkunft zu bekennen, und mit Dialektfärbung spricht, gewinnt er an Profil und hat die Chance, sich positiv vom „Heer der grauen Mäuse" abzuheben.

Praxis-Tipp:

- Vermeiden Sie Abschwächungen wie „ein bisschen", „vielleicht", „eigentlich" und Verallgemeinerungen wie „nie", „immer", „alle", „keiner". Ersetzen Sie diese Füllwörter durch konkrete Aussagen wie „am Wochenende", „heute", „nächstes Jahr".

- Sagen Sie bei eigenen Fehlern nicht sofort: „Oh je, das tut mir leid." Leisten Sie lieber ohne viele Worte und sofort aktive Wiedergutmachung. Vielleicht wird Ihr Fehler gar nicht bemerkt.

- Vermeiden Sie Floskeln wie „Ich möchte Ihnen für dies alles danken." Sagen Sie lieber: „Ich danke Ihnen von Herzen."

- Bitten Sie nie aus Koketterie um Erlaubnis für irgend etwas: „Erlauben Sie bitte, dass ich mich an Ihren Tisch setze", „... dass ich Ihnen die Grüße überbringe", „... dass ich zum Schluss komme". Was machen Sie, wenn es Ihnen ein Witzbold verbietet?

Der Konjunktiv als Floskel

Natürlich ist der Konjunktiv, also die Möglichkeitsform, eine wichtige grammatikalische Form, um etwas höflich auszudrücken. In Gesprächen ist es aber wichtig, dass Sie konkret Ihre Wünsche äußern. Sagen Sie also nie mehr: „Hier würde ich meinen, sagen wollen zu dürfen ..." Sagen Sie es statt dessen kurz und schmerzlos: „Bitte schließen Sie das Fenster. Hier wird es langsam kalt." Vielleicht machen Sie es sogar wortlos selber zu.

Machen Sie Mut!

- Streiten Sie, wenn überhaupt, über Sachverhalte und nicht über Standpunkte. Sie sollten jedoch Ihren Standpunkt, die jeweilige Stellung zur Fey-Tasse, verdeutlichen, um die Sachaussagen verständlich zu machen: „Als Kaufmann (Standpunkt) entnehme ich unseren Umsatzzahlen, dass wir etwas tun müssen, um sie zu erhöhen!"

- Machen Sie Hoffnung, anstatt den Mut zu nehmen. Helfen Sie und verurteilen Sie nicht. Werden Sie ein positiv denkender Mensch. Gewinnen Sie so eine positive Umwelt und ein schöneres Leben. Beginnen Sie bei Ihrer Sprache mit Ihrer Familie: „In deinem Alter hatte ich nicht deine guten Noten!"

- Wer Druck erzeugt, ist schwach. Der Starke braucht keinen Druck.

- Angst macht, wer Angst hat. Gerade der Schwache hat es nötig, den Starken zu spielen, und wirft deshalb mit Verleumdungen um sich, wie „Drückeberger", „Waschlappen" oder „Dummkopf".

- Vorsicht ist meistens vernünftig. Der Starke kann sie sich leisten und wird gerade deshalb auch einflussreich bleiben.

Elemente der Überzeugungskraft

noch: Machen Sie Mut!

- Sorgen Sie nach Möglichkeit für eine entspannte Atmosphäre, denn offene und ehrliche Kommunikation ist nur in einem angstfreien Raum möglich.

Geben Sie Ihrer Sprache Kraft

Üben Sie das deutliche Lob. Sprache schafft Stimmungen. Hier halten wir uns häufig für besonders ehrlich und glauben deshalb, etwa ein Lob durch ein „aber" entkräften zu müssen. Ohne Einschränkungen ist es einfach wirksamer.

Praxis-Tipp:

Loben Sie gute Leistungen Ihrer Mitmenschen ohne Einschränkungen: „Das ist ein wunderbarer Aufsatz! Die Sachbeschreibungen sind einfach, präzise und voll Farbe."

Ehrliches Loben ist auf Dauer wirksamer als eine Lohnerhöhung und sehr viel preiswerter: „Habe ich Sie heute schon gelobt?"

Stehen Sie zu Ihrem Wort!

Auf Ihr Wort muss man sich wirklich verlassen können. Stimmen Sie einer Sache zu, müssen Sie zu Ihrem Wort auch stehen. Verbieten Sie etwas, sollten Sie Ihre Entscheidung erklären, da sonst Ihre Mitmenschen demotiviert werden.

„Herr Müller, das ist ein interessanter Vorschlag. Im Augenblick verbieten uns die Umsätze darauf einzugehen. In zwei Jahren sind völlig andere Zahlen zu erwarten." Auch ein „Doch in zwei Jahren wird man weiter sehen" schmettert die Ideen Ihrer Mitmenschen nicht ab, sondern motiviert sie, selbst wenn es erstmal ein „Nein" bedeutet.

Werden Sie sich bewusst, welche Wirkung Ihre Sprache auf Ihre Mitmenschen hat, arbeiten Sie ständig daran.

Merke: „Ich bin. Ich kann. Ich will." (E. Coué)

Checkliste: Der erste Eindruck

- Körpergefühl ist Lebensgefühl.

- Sie werden niemanden überzeugen, wenn Sie nicht überzeugend sind.

- Der Souveräne kann wirklich gelassen und bescheiden auftreten. Beim Unsicheren wirkt es wie Kriecherei.

- Indifferenzlage: Wann klingt meine Stimme ruhig und gelassen?

- Wenn Sie sich nicht selber mögen, warum sollten andere Sie mögen?

- Üben Sie im Alltag Gelassenheit, etwa beim Sanduhr-Ritual, indem Sie grundsätzlich Ihren Partner ausreden lassen.

- Der Starke vergibt sich nichts, wenn er gelassen ist.

- Eine positiv besetzte Sprache erzeugt bei Ihnen und in Ihrer Umwelt eine positive Grundhaltung und bessere Situationen.

- Angst macht, wer Angst hat.

- Offene, vertrauensvolle Kommunikation ist nur in einem angstfreien Raum möglich!

Geheime Signale des Körpers

3

Die Sprache der Seele

Während Sie sprechen, sendet Ihr Körper unzählige Signale aus. Diese Signale kann man auch als „Sprache der Seele" bezeichnen. Meist wird hier der Begriff „Körpersprache" verwendet. Doch für das, was ich jetzt meine, scheint mir der Begriff „Körpersprache" zu eng gefasst zu sein. Denn mit den Merkmalen dieser Sprache sprechen Mutter und Kind, Chef und Mitarbeiter, aber auch das Herrchen mit seinem Hund oder ein Schäfer mit seiner Herde. Nur wenige machen sich Gedanken darüber, was hier abläuft.

Aber wenn schon das gesprochene Wort magische Wirkung auf Ihren Partner haben kann, was kann dann erst ein offener Blick, eine sanfte, aber resolute Stimme oder eine selbstbewusste Körperhaltung bewirken?

Die Macht der positiven Zuwendung

Bitte werden Sie sich bewusst, welche Macht Sie mit der richtigen Portion Charme und samtweicher Stimme über Ihre Mitmenschen haben. Der sonore Klang einer Stimme beruhigt schreiende Babys, und manche Kunden wollen nur noch von Ihnen bedient werden. Gefühle sind Tatsachen! Es gibt Gefühle, es gibt Logik, und es gibt eine Logik der Gefühle. Die sogenannte Psychologik drückt sich eher durch Stimme und Körpersprache aus als durch Worte.

Lachen und Lächeln

Das menschliche Lächeln ist ein wichtiger Bereich der Körpersprache und eines der wirkungsvollsten mimischen Signale, über das wir verfügen. Nach dem Babygeschrei ist das Lächeln das zweite kommunikative Zeichen, das wir auf unserem Lebensweg erwerben. Bereits im Alter von sechs Monaten verfügen wir über ein Lächeln von solcher Urgewalt, dass es nahezu unmöglich ist, ihm ein Antwortlächeln zu verweigern.

Auch das Lächeln des Erwachsenen hat nichts von seiner Wirkung verloren. Wir nutzen es nur zu wenig.

Praxis-Tipp:

Eine der wichtigsten Regeln für den Umgang mit Menschen lautet: Lächle mehr als andere!

Gequältes Lächeln nützt wenig

Aber Vorsicht beim aufgesetzten Lächeln, das vor allem aus einer verkrampften Grimasse besteht. Die Augen des Grinsenden können bei einem falschen Lächeln so traurig blicken, als wäre er ein Basset-Hund. Ein Hund würde dieses Grinsen wahrscheinlich als Drohgebärde interpretieren und Sie anknurren.

Das Lächeln eines kleinen Kindes oder von Verliebten zieht seine Kraft aus der Natürlichkeit. Das Lächeln beginnt im Herzen, strahlt über die Augen, schließlich folgt der Mund. Denken Sie deshalb an freudige Dinge, damit Ihr Lächeln von Herzen kommt. Wobei dieses Lächeln ohne gezeigte Zähne auskommen kann.

Lächeln Sie auch bei Telefongesprächen

Ihr Lächeln hört man durchs Telefon. Stellen Sie neben Ihr Telefon einen Spiegel und machen Sie eine Gewohnheit daraus, sich zunächst einmal anzulächeln, bevor Sie den Hörer abnehmen: „Smile before dial", lautet eine amerikanische Devise.

Geheime Signale des Körpers

Wichtig: Selbstsichere Menschen lächeln viel, denn sie wissen, dass sie nichts zu verlieren haben. Mit einem strahlenden Lächeln kann man nur gewinnen!

Am Blick kann man viel erkennen

Unser Gehirn ist in zwei Hälften aufgeteilt, die deutlich voneinander unterschieden werden können. Um die Stimmung eines anderen Menschen richtig einschätzen zu können, ist der Blick von entscheidender Bedeutung. Er verrät Ihnen sogar, welche der beiden Hirnhälften gerade besonders aktiv ist.

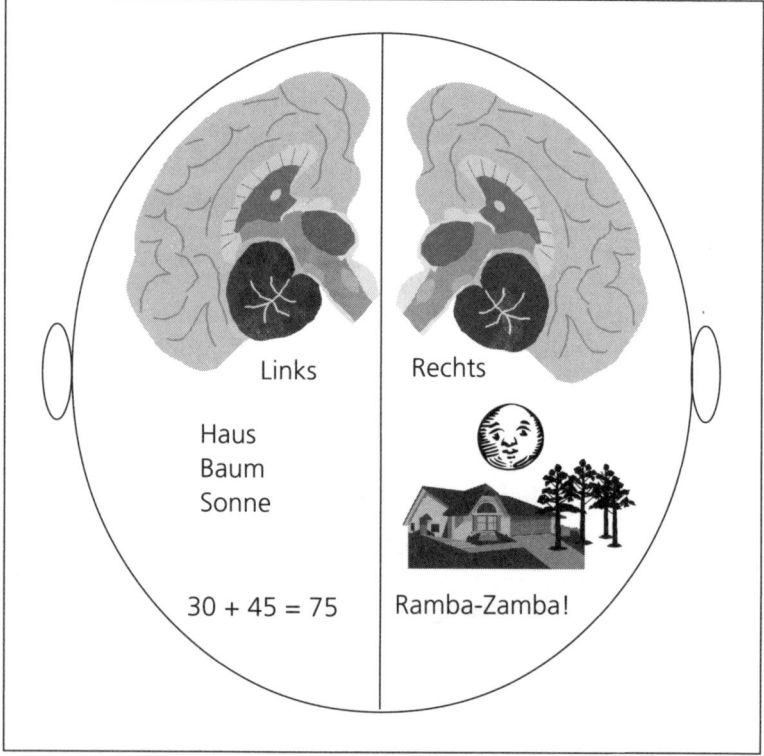

Die folgenden Ausführungen gelten für den Rechtshänder. Bei Linkshändern gilt das Ganze seitenverkehrt. Die rechte Hälfte ist dem Augenblick verhaftet, spezialisiert auf ganzheitliches Denken und Empfinden. Gefühle wie Liebe, Hass oder Ekel entstehen hier, und sogar Intuition und Kreativität stammen aus dieser Hirnhälfte.

Ganz anders die linke Hälfte: Sie denkt logisch, in Wortbegriffen und Abstraktionen, ist für Rechtschreibung, Grammatik, Zeitabläufe und Analysen zuständig. Sie entspricht dem, was wir logisches Denken nennen.

Ist der Blick verträumt, verliebt oder auch wütend starr, dominiert in diesem Augenblick die rechte Hirnhälfte – die Vernunft hat gerade Pause.

Ist der Blick dagegen wach, konzentriert und ruhig, können wir auf eine aktive linke Gehirnhälfte schließen. Was aber einer gewissen Begeisterung, etwa beim Schachspiel oder einem erfolgreichen Handel, keineswegs widerspricht.

Die Augen als Fenster der Seele

Sitzt Ihnen ein Partner gegenüber, halten Sie Blickkontakt, und seine Augen werden Ihnen verraten, was in ihm abläuft: Angenommen, er hat sich gestern über Sie geärgert, die Nacht zuvor wach gelegen und sich überlegt, mit welchen Argumenten er Sie schlagen kann, dann wird er nun dementsprechend finster blicken. Er kocht vor Wut und ordnet gerade seine Gedanken, um so gegliedert wie möglich seine Anschuldigungen loszuwerden.

Versuchen Sie bloß nicht, ihn zu unterbrechen! Erst wenn er seine Argumente der Reihe nach abgearbeitet hat, ist er in der Lage, Ihnen zuzuhören oder sich durch Ihren Blick milde stimmen zu lassen.

Möglichkeiten, seine Aufnahmefähigkeit links anzuregen und zu testen, ob er wieder logisch zu denken vermag, wären Impulse wie: „Bitte rechnen Sie mal eben unseren Jahreszins aus.", „Wie viel Quadratmeter Fläche bleiben uns noch für den Parkplatz?"

Praxis-Tipp:

Starren Sie Ihrem Gesprächspartner nicht unentwegt auf die Nasenwurzel, denn dies löst bei ihm unwillkürlich Unbehagen oder sogar Aggressionen aus. Das entspricht dem Blick der Klapperschlange, die ein Kaninchen fixiert, bevor sie zupackt. Lassen Sie Ihren Blick ruhig und freundlich über das Gesicht des Partners schweifen, dann wird er Sie als angenehm empfinden.

Körperhaltung mit Stolz und Würde

Tiere drücken durch Ihre Körperhaltung immer aus, was sie gerade empfinden. Menschen können sich jedoch verstellen. Ein Hund, der seinen Kopf schief hält, ist neugierig; wirft er sich auf den Rücken, drückt er Respekt aus.

Wenn Sie Ihren Kopf demutsvoll senken, um damit Verehrung auszudrücken, obwohl Sie das nicht so empfinden, dann fragen Sie sich, ob Sie so etwas nötig haben.

Gehen Sie lieber erhobenen Hauptes auf andere Menschen zu: Im Grunde verwenden Hunde und Menschen hier den vergleichbaren „Wortschatz".

Beispiel:

Ein rangniedriger Hund will dem Rudelführer symbolisieren, dass er die Rangordnung akzeptiert. Er wird seinen Kopf demütig senken und ihm den Nacken zum Biss anbieten. Gleiches macht er mit der Halsschlagader, wenn er seinen Kopf zur Seite neigt. Frauen und Männer, die ihrem Gesprächspartner ihre Verehrung bekunden wollen, werden sich verneigen oder ihren Kopf schief halten.

In manchen Verkaufsschulungen wird Verkäufern diese Kopfhaltung empfohlen, um sich beim Kunden einzuschmeicheln. Ich halte das für übertrieben und unglaubwürdig.

Hunde haben normalerweise eine Beißhemmung, wenn sie beim Partner den gestreckten Nacken oder die dargebotene Halsschlagader sehen. Aggressiven Hunderassen kann man diese Blockade abgewöhnen. Unter unseren Zeitgenossen gibt es auch solche, die wie Kampfhunde reagieren. Stoßen sie auf Schwächere, lassen sie ihren Frust der letzten Jahre an Unschuldigen aus. Ein weiterer Grund, den Kopf mit Stolz zu tragen.

Der richtige Abstand

In der Bundeswehr muss der Vorgesetze seine Schützlinge bei Haltungskorrekturen immer fragen, ob er sie berühren darf. Vergisst er das und wird er daraufhin niedergeschlagen, ist das unter Umständen kein tätlicher Angriff auf einen Vorgesetzten, sondern eine bloße Schreckbewegung.

Auch einem Pferd dürfen Sie sich niemals von hinten nähern, Sie bekommen vielleicht einen Tritt. Sowohl Tier als auch Mensch sollte deshalb mit ruhiger Stimme angesprochen werden, wenn Sie sich nähern. Der Diskretionsabstand zu ihrem Gegenüber beträgt etwa 70 Zentimeter. Unterschreitet jemand ohne triftigen

Grund diesen Abstand, werden wir das als aufdringlich empfinden.

Manche halten es für einen besonderen Trick, den Kunden am Unterarm zu packen. Ich finde das nicht gut. Wenn ein Verkäufer mich im wilden Eifer am Ärmel fasst, verlasse ich den Laden und kaufe meinen Mantel eben bei der Konkurrenz.

> **Praxis-Tipp:**
>
> Fassen Sie niemals Ihre Kollegen, Kunden oder Auftraggeber an! Weder Schulterklopfen noch andere freundschaftliche oder gar zärtliche Berührungen sind bei beruflichen Gesprächen erlaubt. Wahren Sie Abstand zu Ihren Mitmenschen und begegnen Sie ihnen mit Respekt.

Die Begrüßung

Die einzige Berührung findet beim Handschlag statt. Sehen Sie Ihrem Gegenüber bei der Begrüßung stets in die Augen, drücken Sie seine Hand weder zu fest noch zu locker, beides ist für Ihren Gesprächspartner unangenehm. Beachten Sie bitte, die Hand senkrecht – der Daumen zeigt nach oben – zu schütteln. Sieht man dabei Ihren flachen Handrücken, wird die Hand des Partners zur Bettlerhand.

Und wie steht es mit dem Begrüßungsküsschen in aller Öffentlichkeit? Auch hier rate ich Ihnen zu gewisser Diskretion, die sicher nicht schadet. Im Gegenteil: Unter Umständen bieten Begrüßungsküsschen Anlass zu gehässigen Bemerkungen.

Wer richtig gestikuliert, spricht verständlicher

Offenheit erkennt man an Ihrem offenen, zugewandten Blick. Sie öffnen sich durch Ihre Gesten, indem Sie die Hände vor der

Körpermitte halten und sie dort lassen. Bereits im Mittelalter sagte man den Predigermönchen, die Hände sollten „infra pectus", „unterhalb des Brustkorbs" sein. So werden die Hände in Höhe des Solar Plexus, etwa drei bis fünf Fingerbreit über Ihrem Nabel, beim Reden gehalten, um der Sprache Rhythmus und Fluss und den Worten Nachdruck und Bedeutung zu geben. Sie dürfen sich dabei aber nicht berühren, dies wäre der rhetorische Kurzschluss. Wenn Sie Ihre Hände vergessen, wird Ihre Gestik immer richtig sein, da vom Instinkt gesteuert.

Lassen Sie Ihre Hände sprechen und das Gesagte bekräftigen: „Nicht Ein-, nicht Zwei-, nicht Drei-, nein, Vierfruchtmarmelade!" Vorsicht vor dem Zeigefinger, der droht oder belehren will. Es ist besser, wenn Sie Ihre Finger beisammen lassen, als wären Ihre Hände Paddel. Wer mit den Händen spricht, braucht weniger Worte.

Praxis-Tipp:

- Vermeiden Sie abwehrende Gesten: also keine verschränkten Arme.

- Bilden Sie mit Händen und Unterarmen keine geschlossene Abwehrfront, als wären Sie Teilnehmer an einem Boxkampf.

- Verzichten Sie auf überlegenes Zurücklehnen mit ausgestreckten Beinen und überheblichem Lächeln.

Eine Hand in der Hosentasche halten viele für dynamisch und souverän, es ist jedoch kein Zeichen vornehmer Herkunft. Oft weckt sie Aggressionen, die vermieden werden könnten. Außerdem behindert die Hand in der Hosentasche die natürliche Gestik. In anderen Ländern gelten andere Sitten. Doch selbst dort begehen Sie keinen Regelverstoß, wenn Sie die Hand aus der Hosentasche lassen.

Geheime Signale des Körpers

Der gemeinsame Draht

Ein stolzer Hundebesitzer spricht mit seinem Dackel. Das treue Tier sieht sein Herrchen mit großen Augen an. Man glaubt, dass der Hund jedem Wort folgt und alles verstehen kann. Was aber versteht er wirklich? Die Frage ist leichter gestellt als beantwortet.

Vermutlich versteht er, und sei es nur aus der Erfahrung heraus, die Körpersprache des Menschen, den Klang der Stimme und den Klang der Sprache. Wie steht der Mensch da, ist er unter Spannung und wie schaut er: freundlich oder unfreundlich, ruhig oder unruhig, sicher oder unsicher, bestimmt oder unbestimmt, drohend, ängstlich oder gleichgültig?

In weiten Bereichen werden wir wie Tiere reagieren. Zunächst sehen wir den Partner: Welchen Eindruck macht er auf uns? Dann hören wir den Klang seiner Stimme, die Geschwindigkeit und die Lautstärke. Erst wenn uns der optische und der akustische Eindruck nicht abstößt, hören wir überhaupt inhaltlich zu. Und auch der Wortgehalt wird durch den Anblick des Sprechers und den Klang seiner Stimme gefärbt und gewichtet. Deshalb ist die Verpackung bisweilen fast so bedeutsam wie der Inhalt.

Gut hat es der Angesprochene. Er muss selber nicht sprechen und sagt doch, vom Redner aus gesehen, eine ganze Menge. Betrachten Sie daraufhin einmal den eben geschilderten Dackel. Wie reagiert er? Er sieht uns aufmerksam an. Er bewegt seine Ohren und Augenlider. Er bekundet uns durch seine Körperhaltung Zuwendung. Und hie und da gibt er sogar, wie zum Kommentar, unbestimmte Laute von sich. Mehr erwartet der Gesprächspartner von uns häufig auch nicht.

www.fit-for-business.de

Aktives Zuhören erleichtert vieles

Die überzeugendsten Argumente sind die, von denen der Partner bereits überzeugt ist. Um sie zu erfahren, müssen Sie ihm gut zuhören. Je mehr Sie ihn also reden lassen, umso eher wird er Ihnen seine Argumente verraten.

Gebrauchen Sie alle Sinne

Vom Maler Philipp Otto Runge (1777–1810) gibt es in der Hamburger Kunsthalle ein Bild namens „Der Morgen". Ein kleines Kind liegt auf dem Rücken und schaut mit weit aufgerissenen Augen in die Natur. Beim Betrachten dieses Bildes rieche ich den Tau einer Sommerwiese und höre Vogelgezwitscher. Beobachten Sie einmal, wie ein Baby seine Umwelt mit allen Sinnen aufsaugt.

Dieses Bild entwickeln Sie bitte als Vorstellung, wenn Sie ein guter Zuhörer werden wollen. Man muss sich dem Partner mit allen Sinnen zuwenden und nicht darauf warten, dass er Luft holt, damit man selbst einen Konter starten kann. Bitte denken Sie daran: Ein achtmonatiges Baby redet noch nicht, sondern reagiert auf direktes Anreden mit anteilnehmenden Lauten.

Beobachten Sie einmal Ihre Mitmenschen beim Telefonieren. Selbst wenn sie gerade nicht reden, hören sie doch aktiv zu. Das erkennt man an einsilbigen Anteilnahmen: „Ja, ja!", „Neinneinnein!", „Was?", „So?", „Eieieiei!" „Hm!". Wird diese Reaktion unterlassen, fragt der Partner: „Sind Sie noch dran?" Auf dieser Ebene wäre auch zustimmendes Gemurmel einzuordnen. Unter Umständen kann hier die Wirkung durch „Anfeuerungslaute" verstärkt werden, wenn etwa ein älterer Chef, während ein junger Mitarbeiter erzählt, halblaut, aber unüberhörbar Kommentare von sich gibt: „Ja, ja … ja!", „Genau, genau … genau!", „Weiter, ja, weiter...?"

Gefahren beim aktiven Zuhören

Beispiel:

Wenn der Luftdruck und das enthaltene Vakuum zwei Hohlkugelhälften nahezu untrennbar zusammenpresst, kann nicht eine Kugelhälfte plötzlich beschließen, von sich aus diese Verbindung zu beenden. Das geht nur durch einen Eingriff von außen, etwa indem man ein Ventil öffnet und Außenluft einströmen lässt.

Bleiben Sie kritisch!

Wenn Sie sich folglich als Gesprächsteilnehmer um ganzheitliche Zuwendung zum Partner bemühen, kommen Sie in Gefahr, in einen Zustand der unkritischen völligen Zustimmung hineinzugeraten.

Deshalb Vorsicht: Übertreiben Sie das aktive Zuhören nicht!

Wenn Sie die Aussagen des Partners kommentieren („Du meine Güte!") und zusätzlich Ihre Worte mit Gesten verstärken, dann wird Ihre Aussage plötzlich ein Vielfaches an Gewicht gewinnen.

Ob das aber den Kontakt zum Partner intensiviert, wage ich zu bezweifeln. Vielleicht wird Ihr Gegenüber dadurch ungeduldig und befürchtet, man wolle ihn unterbrechen.

Übertreibt also einer der Partner das aktive Zuhören, fühlt sich unter Umständen der andere „angemacht", bedrängt und eingeengt.

Eine Provokation macht müde Partner munter

Wollen Sie den Partner munter machen, ist eine Provokation manchmal das einzige Mittel, das hilft: „Fritz, du siehst heute gar nicht gut aus. War wohl wieder eine kurze Nacht?" Jetzt schweigen Sie und schauen dabei Ihrem Partner solange in die Augen, bis er reagiert.

Es gibt also Regeln und Kommunikationsstrukturen, durch deren Kenntnis selbst der Unbegabte die Chance bekommt in Gesprächen zu glänzen. Denn allgemeine Regeln machen Erfolge durchschaubar und wiederholbar.

Gewöhnen Sie sich deshalb an, Ihre Mitmenschen ausreden zu lassen, beim Reden zu denken und keine Angst vor Sprechpausen zu haben.

Machen Sie sich die Macht des aktiven Zuhörens, unter anderem des „saugenden" Schweigens, bewusst.

Praxis-Tipp:

Sie verstärken das aktive Zuhören vor allem durch drei Dinge:

- durch „saugendes" Schweigen,
- durch Lächeln und
- durch auffordernde, ermunternde Gesten.

Checkliste: Sicheres Auftreten

- Nicht nur das gesprochene Wort, sondern auch die Sprache des Körpers, der Klang der Stimme, unbestimmte Laute (Seufzen, Lachen, Stöhnen) verraten viel über Menschen.

- Nehmen Sie Ihr Gegenüber ernst und behandeln Sie sie/ ihn mit Respekt!

- Aber Vorsicht: Werden Sie nicht unkritisch.

- Lächeln Sie öfter mal!

- Lernen Sie das Zuhören.

- Halten Sie Blickkontakt. Und lernen Sie mit den Augen zu verstehen!

Praktische Psychologie

Verstand und Gefühl

Wahrscheinlich halten Sie sich spontan für einen Menschen, der sich grundsätzlich um Vernunft bemüht. Und es wäre schön, wenn man das von Ihren Mitmenschen auch sagen könnte. Ihre Umwelt geht Ihnen bisweilen mit ihrer Verbohrtheit und Unvernunft ziemlich auf die Nerven. Doch Sie wissen nicht, ob Ihr Partner Sie manchmal für stur, verbohrt und unvernünftig hält. Die folgenden Seiten bemühen sich darum, Ihnen hier etwas mehr Verständnis für das eigene und das fremde Verhalten zu verschaffen.

Menschliche Kommunikation findet immer auf zwei Ebenen statt, auf der Verstandes- und auf der Gefühlsebene, auch als Sach- und Beziehungsebene bezeichnet. Unsere Entscheidungen fallen sehr viel häufiger auf der Gefühlsebene als auf der Verstandesebene.

Wir sehen nur die Spitze des Eisberges

Diese beiden Ebenen können Sie sich folgendermaßen vorstellen:

Unser Verstand entspricht dem sichtbaren Teil des Eisberges (1/6) über Wasser, unser Gefühl dem nicht sichtbaren Teil (5/6) unter Wasser. Wenn es zwischen zwei Menschen kracht, dann sind die unsichtbaren Teile aneinander geraten. Die Begründung für den Streit aber suchen und finden wir im sichtbaren Bereich.

Beispiel:

Sie nehmen an einer Besprechung Ihres Unternehmens teil. Sie melden sich zu Wort, doch der Gesprächsführer übersieht Sie anscheinend. Schneidet er Sie mit Absicht? Sie kochen vor Wut. Nach zwei Stunden endlich werden Sie aufgerufen, Sie liefern einen äußerst kritischen Beitrag. Wäre Ihr Beitrag auch so kritisch gewesen, wenn der Vorsitzende Sie gleich bei Ihrer ersten Wortmeldung aufgerufen und Sie freundlich angelächelt hätte?

Manchmal erscheint uns etwas trivial, besonders wenn wir uns beruflich damit dauernd beschäftigen. Für unseren Gesprächspartner kann die Sache zur Existenzfrage werden und somit für ihn emotional stark geladen sein. Da wir nicht ahnen können, aus welcher Perspektive unser Partner seine Entscheidungen fällt, verstehen wir ihn nicht und reagieren ungerecht.

Beispiel:

Sie sind Sachbearbeiter beim Finanzamt und müssen einem Bürger mitteilen, dass er noch 5000.– DM an Steuern nachzuzahlen hat. Er sieht seinen heißersehnten Sommerurlaub entschwinden und ärgert sich. Doch für Sie, den Finanzbeamten am Telefon, ist er ein nörgelnder Geizhals.

Fakten statt Intuition

Besondere Vorkommnisse, die uns auf der Gefühlsebene in Panik versetzen können, lassen sich auf der Verstandesebene versachlichen und somit entschärfen. Denken Sie an Liebeskummer, Prüfungsangst oder Minderwertigkeitskomplexe.

Beispiel:

Eine Studentin hat in einer Klausur eine andere Lösung als der restliche Kurs. Sie zweifelt an ihrer Begabung, so dass sie sich sogar überlegt, das Studienfach zu wechseln. Als der zuständige Professor ihr mitteilt, sie sei die Einzige mit der richtigen Lösung, sieht die Welt wieder ganz anders aus.

Gefühle sind auch Tatsachen!

Umgekehrt lassen sich auf der Gefühlsebene einige Probleme lösen, die auf der Sachebene nicht zu lösen waren.

„Ich-Botschaften" sind beim Wechseln der Ebenen ein sehr wirkungsvolles Mittel. Ihre Empfindungen können nicht bewiesen werden, deshalb müssen sie bis zur Widerlegung durch offensichtlichen Augenschein akzeptiert werden:

Beispiel:

- „Ich fange an, mich zu ärgern ..."

- „Wir kommen in der Sache nicht weiter, Herr Mayer. Ich glaube, dass ich Sie mit irgend etwas geärgert habe ..."

- „Ich habe vor dir Angst ..."

Praxis-Tipp:

- Sind Sie über das Diskussionsverhalten Ihres Gegenübers verärgert, teilen Sie ihm das mit. Fragen Sie ihn, ob er es wirklich darauf anlege, Sie zu verärgern, denn gegenwärtig fühlten Sie sich gar nicht wohl, „Ihre Machtspiele machen mir Angst!" Wenn nun der andere nicht aufhört zu drängeln und Sie nicht beruhigt, wissen Sie, dass er Sie „über den Tisch ziehen" will.

- Wenn der Partner Sie fragt, wie Sie dazu kämen, so zu reden, erklären Sie, dass Sie so empfinden.

- Wenn Sie jetzt sagen, Sie würden gerne das Gespräch abbrechen, weil eine Fortsetzung in einer sicheren Niederlage Ihrerseits enden würde, dann muss der Partner, wenn er weitermachen möchte, Ihre Angst ernst nehmen, Sie nicht mehr bedrängen und positive Angebote machen.

Schaffen Sie einen persönlichen Bezug

Ein Abteilungsleiter, mit dem ich bisweilen geschäftlich verhandele, lässt zunächst durch seinen Assistenten Kaffee und Gebäck bringen, dann schenkt er einem persönlich eine duftende Tasse ein … So schafft er Sympathie und gewinnt Zeit, sich auf die folgende Verhandlung und deren Teilnehmer einzustellen.

Welche der beiden Ebenen ist gerade wirksam? Schärfen Sie Ihre Sinne für die jeweilige vorherrschende Kommunikationsebene. Bei gekonntem Einsatz von Verstandes- und Gefühlsargumenten gewinnen Sie großen Einfluss auf den Gesprächsverlauf.

Beispiel:

Ein Ehepaar sitzt im Auto, sie hinter dem Steuer, er neben ihr. Er: „Die Ampel ist grün!" Sie: „Fährst du oder ich?"

Was ist in diesem Beispiel Sachebene und was Gefühlsebene? Das lässt sich in der Regel nicht nur von der Wortfolge entscheiden; sehr viel wichtiger ist hier die Körpersprache und der Tonfall, der schließlich den Ausschlag gibt, ob Sie eine Äußerung der Sach- oder der Gefühlsebene zuordnen.

Wichtig: Gefühle sind Tatsachen! Respektieren Sie deshalb Gefühle bei sich und beim Partner!

Die Mobilisierung Ihres Partners

Der Weg zu wichtigen Informationen

Sie wünschen sich, öfter in Gesprächen das zu erreichen, was Sie sich vorgenommen haben? Dabei kann Ihnen der Partner indirekt helfen, Sie müssen Ihm nur richtig zuhören! Aber wie bringen Sie Ihr Gegenüber zum Reden? Gibt es dafür einen Trick?

Nehmen Sie Ihren Partner ernst, dann wird er sich Ihnen öffnen!

Ein Gramm Gefühl zählt mehr als ein Zentner Sachargumente (nach Schopenhauer).

Beispiel:

- „Es tut mir leid, dass Sie mit unserem Kundendienst Schwierigkeiten hatten. Damit ich Ihnen helfen kann, erzählen Sie mir bitte, was mit Ihrem Fahrzeug geschehen ist."

- Oder: „Ich will sichergehen, dass ich Sie richtig verstanden habe. Ihnen wurde das neue Autoradio zum Ersten des Monats versprochen. Sie haben aber das Gerät bis heute noch nicht?"

Praxis-Tipp:

Besonders schimpfende Menschen sind leicht zugängliche Informationsquellen, wenn Sie ihnen ernsthaft zuhören. Ein wütender Gesprächspartner ist für Sie eine gute Gelegenheit, den Umgang mit Menschen zu üben. Sollten Sie es schaffen, Ihn zu beruhigen, haben Sie einen treuen Partner gewonnen. „Aus welchem Grund glauben Sie, dass …", „Was hat Sie an diesem Bericht geärgert?"

Auf einen Partner, der seinen Zorn unterdrückt und sich nicht beschwert, können Sie nicht mehr zählen. Ein verärgerter Kunde geht zur Konkurrenz.

Wichtig: Es kostet Sie fünfmal mehr, einen neuen Kontakt aufzubauen, als Ihre alten Kontakte zu pflegen. Hegen Sie deshalb Ihre Kontakte sorgsam!

Haben Sie für Ihr Gegenüber stets ein offenes Ohr oder tröstende Worte, wird er Sie mit wichtigen Informationen eindecken. Zwar können jammernde Menschen Sie deprimieren, Sie erfahren von Ihnen aber Dinge, die Ihnen sonst verborgen geblieben wären.

Praxis-Tipp:

Schüttet ein jammernder Partner sein Herz bei Ihnen aus, jammern Sie niemals mit! Bedanken Sie sich bei Ihm lieber für seine Offenheit mit den Worten: „Ich weiß Ihr Vertrauen und Ihre Offenheit zu schätzen …"

Sollten Sie angesichts der vielen Geschichten und Fakten den Überblick verlieren, teilen Sie das Ihrem Partner einfach mit: „Verzeihung, das muss ich mir aufschreiben …" Manchmal erschrickt Ihr Informant jetzt, er hat zu viel ausgeplappert, und

Sie wollen seine Auskünfte auch noch aufzeichnen – vielleicht sind Sie gerade auf eine „Goldader" gestoßen.

Stockt Ihr Partner und versucht er das Thema zu wechseln, dann ahnen Sie, dass er kurz zuvor etwas Entscheidendes erwähnt hat. Es kann vernünftig sein, sich mit der Entdeckung der „Goldader" zufrieden zu geben. Vielleicht aber könnte es sich auch lohnen, gerade jetzt weiterzubohren.

Praxis-Tipp:

- Bei solchen inoffiziellen Recherchewegen sollten Sie viel Fingerspitzengefühl walten lassen, sonst wird Misstrauen geweckt: „Was will der von mir?"

- Bei vielen Dingen genügt es, wenn man davon weiß. Man muss sie dann nicht noch wiederholen oder gar aufschreiben.

Glauben Sie nicht alles, was Sie hören. Oft genügt eine einfache Plausibilitätsprüfung, um den anderen als geschwätzigen Wichtigtuer zu entlarven: „Kann das so stimmen?" (Geld, Zeit, Personen, Termin).

Doch auch Wichtigtuer haben mich rechtzeitig skeptisch gemacht und mir zugleich brisante Fakten verraten.

Beeinflussen Sie Ihr Gegenüber positiv

Manchmal kocht es (Ihr Gegenüber) vor Wut und hat dafür die besten Gründe. Doch zugleich vergreift es sich im Ton und erreicht deshalb sein Ziel nicht.

Das Kritikgespräch

Um deutlich zu machen, worum es hier geht, werde ich diesen Sachverhalt künftig Motivationsgespräch nennen.

Denn was ist hierbei Ihr Ziel? Wollen Sie Ärger und Zorn unreflektiert weitergeben?

Wenn Sie sich auf ein Kritikgespräch vorbereiten, werden Sie sich instinktiv auf die Kritik konzentrieren. Doch eigentlich sollte es Ihnen darum gehen, das Verhalten des Partners in Ihrem Sinne zu ändern, ihn also für die Verhaltensänderung dauerhaft zu motivieren.

Vorsicht vor dem „Nagel-im-Schuh-Effekt":

Sticht Sie ein Nagel Ihrer Schuhsohle in den Fuß, ärgern Sie sich über den ganzen Schuh. Sie bringen ihn zum Schuster, der das Übel schnell behebt. Daraufhin sind Sie erleichtert, dass der herausstehende Nagel Sie nicht mehr quält. Aber Sie werden sich bestimmt nicht irgendwelche Strafen überlegen, mit denen Sie es dem Nagel heimzahlen wollen.

Wenn Sie sich über einen Mitmenschen geärgert haben, sollten Sie sich an den Nagel im Schuh erinnern und daran, dass ärgerliche Kleinigkeiten den ganzen Menschen, mit all seinen Vorteilen, in den Schatten stellen können. Ihr Ziel aber müsste sein, den Nagel aus dem Schuh zu entfernen und den ärgerlichen Zustand zu beenden. Wenn Sie also eine solche Situation vor sich haben, müssen Sie sich zunächst darüber klar sein, was Sie konkret erreichen wollen. Angenommen, Sie ärgern sich darüber, dass Ihr Mitarbeiter bei seiner Arbeit viele Fehler macht, dann sagen Sie ihm nicht: „Sie sind offensichtlich mit dieser Arbeit überfordert!" Versuchen Sie bitte das Folgende in einem Motivationsgespräch umzusetzen: Lob – Kritik – Verbesserungsvorschläge – positive Vorsätze

- Lob: Sie loben den Partner zunächst für Fähigkeiten oder Tätigkeiten, die er gut beherrscht, und üben dann

- Kritik: „Leider waren in Ihrer letzten Lamellenkiste über die Hälfte der Lamellen zerstanzt. Ich möchte Sie das nächste Mal jedoch für ordentliche Lamellen loben."

- Verbesserungsvorschläge: „Was schlagen Sie vor, wie Sie die Ausschuss vermeiden können?" Wenn dann der Partner folgenden Verbesserungsvorschlag macht: „Ich werde nach jeweils tausend Lamellen meine Arbeit überprüfen", bestätigen Sie seine positiven Vorsätze. Dann loben Sie ihn dafür und wiederholen seine Aussage, um sie zu bestätigen und zugleich zu verstärken.

Achtung: Erzwingen Sie bitte keine Selbstkritik und Rechtfertigungen! Das demotiviert den Partner und kostet zugleich unnötig Zeit und Geld.

Loben ist besser als Kritisieren

Jetzt werden Sie sagen, das sei aber gemein, erst zu loben und dann zu kritisieren. Außerdem müsse der Vorgesetzte, also in diesem Fall Sie, mit dem Partner nicht einen solchen Aufwand betreiben. Es wäre doch viel einfacher, an den Arbeitsplatz des Partners zu gehen, ihn dort laut „anzumotzen", damit es auch für seine Kollegen und Kolleginnen eine Warnung sei, und ihm dann klare Anweisungen zu geben.

Sicher ist das der einfachere Weg, aber bestimmt auch der ungeschicktere. Denn wir sind sehr häufig vom guten Willen unserer Mitmenschen abhängig. Demotivieren Sie Ihren Gesprächspartner, arbeitet er nicht effektiv an Verbesserungen. Vielleicht stellt er sich nun stur und verbündet sich mit anderen gegen Sie, doch an dem Ergebnis wird sich nichts ändern. Hören Sie ihn an, was er dazu zu sagen hat, lassen Sie ihn Vorschläge machen und arbeiten Sie gemeinsam an Ihren Problemen. Mit Motivation, wie beispielsweise „Gute Lösung! Darauf wäre ich nie gekommen", schaffen Sie konstruktive Kritik.

Sprechen Sie dabei über Ihre Gefühle: „Wenn ich sehe, was wir beide hier zustande gebracht haben, bin ich stolz auf uns."

Und nennen Sie, sollte der Partner sich störrisch zeigen, auch negative Gefühle: „Was glauben Sie, was ich jetzt Ihnen gegenüber empfinde?" – "... die Kunden ..." –"... die Kollegen Ihnen gegenüber ...?"

Die Erfahrung lehrt: Der Beschimpfte hört weg. Der Gelobte hört zu!

Hätten Sie den Partner zunächst beschimpft, hätte er Ihr Anliegen anschließend gar nicht mehr gehört, er wäre in der Rechtfertigungsecke auf Abwehr gegangen, hätte „seine Ohren auf Durchzug gestellt" und Sie hätten beide eine Menge Zeit bei dem Versuch vergeudet, sich gegenseitig ins Unrecht zu setzen. Doch der Beweis, dass der Partner im Unrecht ist, beweist noch lange nicht, dass Sie Recht haben. Es können sich beide irren.

Was aber tun, wenn Sie der Kritisierte sind?

Versuchen Sie so rasch wie möglich aus der Rechtfertigungsecke herauszukommen, indem Sie Angebote machen. Warten Sie ab, bis sich der anfängliche Zorn Ihres Gegenübers gelegt hat. Rechtfertigen Sie sich also nicht. Sondern wiederholen Sie seine Vorwürfe in gemilderter Form, als hätte er Ihnen Verbesserungsvorschläge gemacht. Kränkt Sie die Art und Weise, in der er seine Anschuldigungen vorträgt, sagen Sie ihm das ganz offen: „Ihre Vorwürfe machen mich betroffen ..."

Haben sich die Wogen geglättet, sprechen Sie ihn auf der Verstandesebene an: „Was schlagen Sie vor?" oder „Ich entnehme Ihren Worten, dass Sie vorschlagen ..." und „Was könnte in Ihren Augen den Schaden kompensieren?"

Beispiel: —————————————————————

Ein weltweit erfolgreiches Computerunternehmen legt großen Wert auf die Eigeninitiative seiner Mitarbeiter und fördert Mut und Entschlusskraft, wo immer es kann. Ein junger Mitarbeiter hat im Rahmen seiner Tätigkeit 10 Millionen Dollar riskiert und verloren. Um der Firma zuvorzukommen, schreibt er seine Kündigung. Er wird zum Chef gerufen. Schon beim Eintreten legt er ihm das Schreiben mit der Bitte um Entlassung auf den Tisch. Der Boss ist empört: „Das ist aber unfair. Jetzt hat unser Konzern 10 Millionen Dollar in Ihre Ausbildung investiert, und Sie kündigen! Deshalb schlage ich Ihnen vor, Sie bleiben und setzen das Gelernte in weitere Entwicklungen um. Unser Unternehmen möchte das in Sie investierte Geld wiedersehen."

Kurz: „Das Lob ist die Suppe und die Kritik das Salz."

Checkliste: Kritik und Lob

- Unsere Entscheidungen fallen meist auf der Gefühls-Ebene, die Begründungen dafür aber suchen und finden wir anschließend auf der Verstandes-Ebene.

- Haben Sie den Mut zu Ich-Botschaften.

- Gutes Zuhören ist die halbe Überzeugungsarbeit.

- Wenn Ihr Gegenüber noch schimpft, anstatt still zu verschwinden, haben Sie die Chance, ihn zurückzugewinnen.

- Sie können Informationen sammeln, die Ihnen helfen, ständig besser zu werden: Welche Bedürfnisse hat Ihr Partner?

- Einen neuen Kunden zu gewinnen, kostet etwa fünfmal mehr, als einen Stammkunden zu pflegen.

- Benehmen Sie sich bei der Informationssammlung so, dass man Sie nicht für einen Spitzel hält.

Tipps und Tricks für den Kommunikationsprofi

5

Ohne Blickkontakt läuft nichts

Ohne Blickkontakt entsteht kein Dialog, sondern ausschließlich wechselseitige Monologe. Lernen Sie mit den Augen zu verstehen, denn der Partner äußert sich auch nonverbal.

Durch Blickkontakt signalisieren Sie, dass Sie Ihr Gegenüber ernst nehmen. Sie sehen, ob Sie ihm mit Ihren Worten ins Herz treffen, ob Sie zu laut oder zu leise, zu schnell oder zu langsam, zu ernsthaft oder zu oberflächlich, zu albern sind. Und Sie sehen, wann er auch selber etwas sagen möchte.

Beim Verstärken der Kaufmotivation oder im Kritikgespräch bei der Leistungsmotivation werden Sie ihn aufmerksam beobachten, Blickkontakt halten, um rechtzeitig zu sehen, wann Sie schließlich den Mund halten müssen. Hindern Sie den Kunden nicht am Kaufen und den Partner beim Motivationsgespräch nicht an guten Vorsätzen. Sollten Sie diesen Punkt verpassen und weiterreden, werden Sie ihn irritieren. Es kann passieren, dass er Sie für aufdringlich hält, dann wird er vor Ihnen fliehen wollen. Oder Ihr Gesprächspartner verliert den Respekt vor Ihnen, was zur Folge hat, dass konstruktive Kritik aus Ihrem Mund nicht ernst genommen wird.

Wie Sie mit Aggressionen umgehen

Denken Sie bitte bei der Vorbereitung Ihrer Gespräche an mögliche Konflikte. Sie müssen sich sogar überlegen, ob Ihr Partner aggressiv werden kann. Aggressionen (aggredi, lat.: auf jemanden zugehen, jemanden angreifen) sind übrigens nicht grundsätzlich negativ, denn erst der Widerspruch lässt eine interessante Diskussion entstehen. Aggressionen können durchaus belebend wirken. Aber schlechte Stimmungen, die Sie gegen sich persönlich aufbauen, können Sie beim Umgang mit dem Partner behindern. Wird der Partner dann gemein, schafft das sowohl bei ihm wie bei Ihnen Blockaden.

Praxis-Tipp:

Gerade wenn ein Gespräch zu Sache geht, können Sie Ihren Kontrahenten anschließend zu einem guten Essen einladen. Oder Sie überraschen Ihn beim nächsten Mal mit einem kleinen Mitbringsel. Schon manche lebenslange Freund- bzw. Partnerschaft hat mit einem handfesten Krach begonnen.

Das strukturierte Gespräch

Manchmal hat man den Eindruck, dass sich das Gespräch „im Kreis dreht" oder alle Mühen umsonst waren, weil der Partner anscheinend den Inhalt des Gesprächs schon vergessen hat, bevor es zu Ende ist.

Bauen Sie deshalb im Gespräch Gedächtnisbrücken in Form von einem Protokoll, um das Erreichte zu sichern! Packen Sie dabei nie mehr als drei bis fünf Aspekte unter das jeweilige Stichwort, denn mehr kann sich niemand merken.

Praxis-Tipp:

Holen Sie nun die Zustimmung des Partners ein, dass er mit Ihrer Zusammenfassung einverstanden ist. Erst dann führen Sie das Gespräch weiter.

Mit dieser Technik erreichen Sie auf sämtlichen Ebenen verschiedene Ziele. Sachlich bekommt der Partner aufgezeigt, was er schon alles an Nutzen gewonnen hat, menschlich wird dabei seine Zufriedenheit wachsen. Strukturell erzeugen Sie so ein Gerüst, das dem Gespräch Zusammenhalt und Dauer im Gedächtnisspeicher verleiht. Schließlich verstärken Sie durch das Wiederholen der zusammengefassten Punkte die Kraft der gewonnenen Argumente.

Kurzzeit- und Langzeitgedächtnis

Sie haben im Gedächtnis einen Kurzzeit-, einen mittelfristigen und einen Langzeitspeicher.

Der Langzeitspeicher reicht fürs Leben.

Der mittelfristige Speicher hat bei einem Durchschnittsstudenten eine Kapazität von ungefähr 20 Minuten, deshalb macht der Dozent etwa alle 20 Minuten einen Witz, zieht ein Fazit oder wechselt die Darbietungsform.

Der Kurzzeitspeicher hat eine Kapazität von etwa sechs Sekunden. Alle Sätze, die länger als sechs Sekunden sind, müssen entweder rasch in Sechs-Sekunden-Elemente zerlegbar sein, oder sie passen nur schwer in unsere Köpfe.

Praxis-Tipp:

■ Inhalte aus dem Kurzzeitgedächtnis werden leichter in den Langzeitspeicher übernommen, wenn sie durch den Aufnehmenden verarbeitet und strukturiert wurden. Da ist es häufig hilfreich, wenn die Gesprächspartner sich während des Gesprächs an sachliche Zusammenhänge, wie etwa vorgegebene Abläufe, räumliche Nähe und Gegenwart, zeitliches Nacheinander oder eine klare und sorgfältig abgesprochene und begründete Tagesordnung, halten.

■ Um das Ganze zu konkretisieren, schreiben Sie die vorhin erwähnte Zwischenzusammenfassung und eine schriftliche Ergebnisfixierung in Gestalt eines Protokolls auf.

Sorgen Sie für eine angenehme Atmosphäre

Emotionsgeladene Informationen und Erlebnisse gehen leicht in den Langzeitspeicher über. Wenn Sie wollen, dass Ihre Argumente positiv haften bleiben, werden Sie für eine angenehme Atmosphäre sorgen, die bewirkt, dass Ihre Argumente für den Partner positiv geprägt werden. Achten Sie darauf, das Gespräch in angenehmer Umgebung und in freundlichem Ton ablaufen zu lassen.

Ein Gespräch über das Hobby Ihres Verhandlungspartners, während der Pause oder sogar vor der eigentlichen Verhandlung, schafft eine persönliche Atmosphäre. Sie sollten sich vorab über Ihren Gesprächspartner informieren, um später ein solches Gespräch unauffällig beginnen zu können. Vielleicht steht bei ihm ein Flugzeugmodell herum, oder einer der Mitarbeiter erzählt „unüberhörbar" von seinem Angelurlaub.

Goldene Regeln für Cracks

„Wer den Zaun durchbricht, den beißt die Schlange." (Talmud)

- Regelverstöße und Grenzüberschreitungen schwächen Ihre Stellung erheblich, indem sie unnötige soziale Reibungen erzeugen.

- Triumphe nie zeigen! – Triumphierende Siege über den Partner gefährden zukünftige Geschäfte – streben Sie höchstens einen Sieg nach Punkten an.

Praxis-Tipp:

Vermeiden Sie Situationen, die Ihren Gesprächspartner stören könnten: Körpergeruch, Mundgeruch, Alkohol, Taktlosigkeiten, Zigarren- und Zigarettenqualm, zu warme, zu kühle oder zu enge Kleidung, falsche Raumtemperatur, blendende Sonneneinstrahlung und Ähnliches.

Noch schlimmer ist es, wenn Ihr Partner glaubt, dass Sie ihn „über den Tisch ziehen" wollen. Das Vertrauen des Partners ist

Ihr höchster Trumpf. Alleine der Verdacht, Sie könnten es mit Tricks versuchen, gefährdet dieses Vertrauen.

Einkäufer oder Verkäufer – jeder Typ hat seine Chance

Beim Verkaufen gibt es viele Ebenen, sowohl in der jeweiligen Situation als auch in den Personen der Beteiligten: Manchmal steckt man in der Rolle des Verkäufers und manchmal in der Rolle des Einkäufers. Fühlt sich der Partner im Augenblick über- oder unterlegen? Ist er lebhaft, nach außen gekehrt, extrovertiert, oder ruhig, in sich gekehrt, also introvertiert?

Ist der Partner extrovertiert, Sie aber sind unterlegen, dann sollten Sie ihn anfangs reden lassen. Vielleicht bietet er Ihnen Ansätze für günstige Argumentationen. Sie werden deshalb versuchen, ihn weg von seinem Triumph auf die „sachliche Schiene" zu locken, indem sie entsprechende Fragen, „VW-Fragen", stellen.

Sind Sie ihm jedoch überlegen, müssen Sie sich bemühen, gerade dem Extrovertierten seine Ängste, seine Blockaden zu nehmen, ihn aufzubauen. Und indem Sie ihm an Stellen, die Sie nicht schmerzen, Recht geben oder ihn loben, können Sie ihn unterbrechen und ihn sanft abbremsen. Doch aus seiner Unterlegenheit heraus wird er versuchen, auf Nebenschauplätze auszuweichen. So müssen Sie ihn durch entsprechende Fragen bei der Stange halten.

Ist der Partner introvertiert, der klassische Einkäufer, handelt er ruhig und besonnen. Er versucht den meist lebhaften, extrovertierten Verkäufer „an der ausgestreckten Hand verhungern zu lassen" oder ihn systematisch in eine psychologisch unterlegene Position zu bringen. Hier ist es besonders wichtig, dass Sie ein Sympathiefeld aufbauen, um so den eigenen Stress zu mindern.

Wenn Sie den Partner stets mit überheblichen Floskeln abfertigen, „Mag ja sein ...", „Ja, und?", wird er Sie nicht sympathisch finden.

Doch selbst dem coolen Einkäufer könnte Sympathie beim Verkäufer bisweilen nicht schaden; wenn er nämlich seine „knallharten Preisdrückerspielchen" übertreibt, kann es sein, dass wichtige Aufträge verloren gehen.

Beispiel:

Eine große Automobilfirma hat zu Zeiten gerne die Vertreter ihrer Lieferanten zum gleichen Termin bestellt und in jeweils gesonderte Räume gesetzt. Die Einkäufer wanderten von Raum zu Raum: „Kächele & Karger verlangt für seine ... Gehen Sie mit?", „Gehen Verpackung und Transport auf Ihre Kosten?" Zu fortgeschrittener Stunde, so gegen Mitternacht, bekamen die Vorgesetzten von Ihren Vertretern Anrufe der Art „Können wir beim Skonto noch nachgeben?" Beim nächsten Mal waren die Anbieter jedoch besser vorbereitet. Vorab kalkulierten die Verkäufer im Marketing-Club gemeinsam genau ihren Ermessensspielraum durch. Sie verglichen die Angebote der Konkurrenz mit ihren Preisen, um nicht zu hoch zu pokern.

Ist der introvertierte Partner aber unterlegen, müssen Sie ihn motivieren und mit gezielten Fragen zum Reden bringen. Dabei ist zu unterscheiden, was der Partner aus welcher Motivation heraus sagt. Meint er es dienstlich oder aufgrund seiner menschlichen Bedürfnisse wie Harmonie, Zuneigung oder Ablehnung? Wo liegen seine augenblicklichen menschlichen Interessen, wo sein materieller Nutzen? Beides ist nicht immer identisch. Folgt er im Augenblick einem sachlichen Kalkül oder einem emotionalen Drang? Gerade beim guten Kaufmann lässt sich häufig das eine nicht vom anderen unterscheiden.

Tipps für den Kommunikationsprofi

Die Win-Win-Strategie

Wie könnte es aussehen, wenn am Ende weder Sieger noch Verlierer aus einem Gespräch hervorgehen, sondern zwei Gewinner?

Beispiel:

Sie haben einem Bekannten Ihr altes Auto verkauft. Der freut sich über den fairen Preis. Und Sie freuen sich, weil Sie es auch ohne Inserat losgeworden sind und keine Anzeigenkosten investieren mussten.

Mit etwas Phantasie lässt sich unter Umständen der „Kuchen" so vergrößern, dass sich beide freuen, weil nun jeder ein größeres Stück bekommt. Entscheidend ist hier das größere Stück Kuchen und nicht, dass beide den gleichen Gewinn machen.

Praxis-Tipp:

Häufig findet man eine Lösung, bei der an die Interessen aller gedacht werden kann: Gelingt es, den „Kuchen" zu vergrößern, den Interessen beider zu dienen und dies dem Partner deutlich zu machen, wird sich sowohl auf der sachlichen als auch auf der persönlichen Ebene Zufriedenheit ausbreiten. Diese Taktik bezeichnet man als die Win-Win-Strategie.

Sprechpausen als rhetorisches Mittel

Lernen Sie, mit bewusst gesetzten Pausen, in die sich der Partner hineindenken kann, zu sprechen – lernen Sie mit dem Schweigen zu arbeiten. Hindern Sie den Partner nicht mit zu vielen Worten am Kaufen oder daran, Sie sympathisch zu finden. Oft verkaufen

Sie, auch sich, mehr durch Schweigen als durch Ihr Reden. Schweigen Sie, schauen Sie, horchen Sie, und halten Sie Ihr Pulver trocken. Kaum einer hat die Nerven, Ihrem interessierten Blick standzuhalten oder gar selber mit einem Lächeln zu antworten.

Tricks, um sich und andere zu beruhigen

Lehnen Sie sich auf Ihrem Stuhl zurück, suchen Sie mit dem Rücken die Lehne und lassen Sie Arme und Schultern locker und entspannt hängen. Atmen Sie bewusst ruhig und langsam durch. Sprechen Sie langsamer und leiser, mit pointierten Pausen und sonorer Stimme. Verzögern Sie den Ablauf des Gesprächs, schinden Sie Zeit und schreiben Sie mit.

> **Praxis-Tipp:**
>
> Üben Sie ständig die einfache Entspannung. Ballen Sie die Hände zu Fäusten und lassen Sie wieder locker. Lassen Sie Ihre Arme locker herunterhängen und konzentrieren Sie sich auf das schwere Gefühl in Ihren Armen. Entspannen Sie Ihre Gesichtszüge und streichen Sie sich mit den flachen Händen über Ihr Gesicht, von der Nasenwurzel zu den Schläfen, wobei es sich entspannt. Lehnen Sie sich in Ihrem Stuhl zurück. Verlangsamen Sie Ihr Sprechtempo, lassen Sie bewusst Pausen eintreten und versuchen Sie in der Stimme die Indifferenzlage zu erreichen und zu halten.

„Rasen kann jedes Rindvieh. Zum Langsamfahren braucht man Charakter", pflegte mein Fahrlehrer zu sagen.

Widersprechen Sie nicht ohne triftigen Grund, vor allem nicht in unwesentlichen Punkten, damit provozieren Sie bloß unnötig. Und wenn Sie sich gar rechtfertigen, gilt: „Qui s'excuse s'accuse." – Wer sich entschuldigt, klagt sich an.

Tipps für den Kommunikationsprofi

Der Partner tobt, und Sie möchten ihn beruhigen

Lassen Sie ihn brüllen, denn wenn er sich austobt, wird der Druck abnehmen – alleine durch das Luftholen wird er ruhiger werden. Sie selbst sollten einen kühlen Kopf bewahren und Anteilnahme zeigen, denn wenn Sie ohne Anteilnahme, vielleicht sogar überheblich lächelnd, dem Wüten zuhören, kann das als Provokation empfunden werden. Wenn irgendwie möglich, geben Sie dem Partner Recht, denn meistens ist er ja im Recht. Schließlich können Sie den Partner fragen, womit er zufrieden zu stellen wäre und was er als Wiedergutmachung akzeptieren würde. Was er dann fordert, wird in der Regel weit weniger sein, als Sie zunächst bereit gewesen wären, ihm zu geben.

Ein Wutausbruch und seine Folgen: Sollte sich der Partner über Sie geärgert haben, dann vergreift er sich gerne im Ton. Hier kann man ihn „festnageln" und großzügig auf die Rolle des Beleidigten verzichten.

Wer sich „entrüstet", der legt seine Rüstung ab, der wird wehr- und waffenlos. Wozu man ihn, wenn es für uns einen Vorteil bedeutet, bewusst provozieren kann. Nach einem Adrenalinstoß begibt er sich aufs Glatteis und ist Ihnen taktisch unterlegen.

Bewusster Umgang mit dem Partner

Kalkulierte Unvernunft wirkt Wunder! Viele glauben, man müsse immer vernünftig handeln; gehen Sie einmal kalkuliert überraschend und unvernünftig vor, hier kann auch der Erfolg bisweilen recht überraschend und sogar überwältigend sein. Versucht Ihr Gegenüber, Sie mit Grobheiten zu erpressen, brechen Sie das Meeting ab oder vertagen Sie es. Wenn Sie etwas zu bieten haben, wird nun der Partner nachgeben. Deshalb „bieten" Sie ihm etwas und „bitten" Sie niemals!

Praxis-Tipp:

Lassen Sie sich nicht von Ihrem Gegenüber erpressen. Gehen Sie keine faulen Kompromisse ein. Heben Sie sich Zugeständnisse für die letzte Viertelstunde Ihres Treffens auf. Aber geben Sie sich nicht zu schlitzohrig.

In der Ruhe liegt die Kraft

Lernen Sie, sich Ruhephasen von fünf Minuten Dauer zu gönnen. Aber seien Sie nicht zu ausgeschlafen. Zum einen schüchtert das den Partner ein, zum anderen verführt es Sie zu einer falschen Einschätzung der eigenen Kräfte und zu voreiligen Reaktionen.

Wichtig: Höflichkeit, Freundlichkeit und Komplimente wirken manchmal Wunder. Ist Ihr Partner aufgebracht, machen Sie ihm ein Kompliment, das bringt ihn meistens wieder auf den Boden.

Die Kunst der Überzeugung

Wenn wir der Evidenz folgen, hängt die Überzeugung von mindestens drei Dingen ab:

- Aufmerksamkeit – gewinnen wir die Aufmerksamkeit des Partners?

- Verständnis – versteht unser Gegenüber überhaupt, was wir sagen?

- Akzeptanz – nimmt der Partner unsere Argumente an? (nach W. Haseloff/I. L. Janis)

Tipps für den Kommunikationsprofi

Um ein Gespräch in Gang zu bringen, ist ein „Eisbrecher" als Einstieg sehr nützlich. Das erleichtert in der Regel das Verstehen, indem es Widerstände abbaut und zugleich die Akzeptanz erhöht. Wer hört nicht gerne einen Witz, eine Anekdote, ein Kompliment? Hat man dem Partner durch sachliche Argumente sein Misstrauen genommen und seinen Verstand überzeugt, kann man versuchen, durch emotionale Argumente sein Herz zu gewinnen.

Das „Reißverschluss-Prinzip"

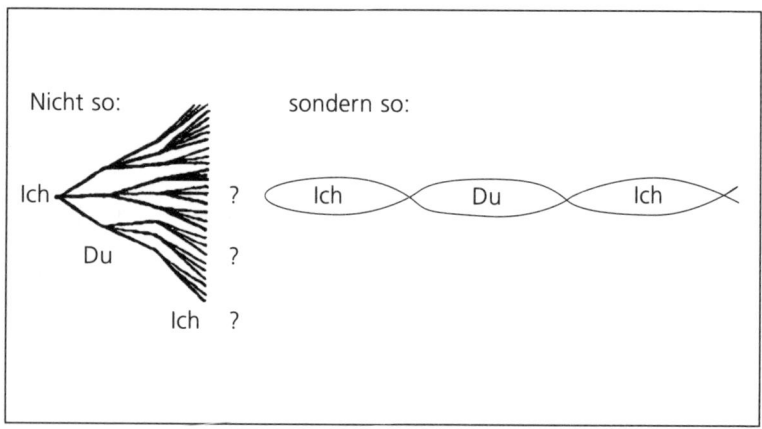

Lassen Sie den Partner zu Wort kommen! Denn wenn Sie es richtig anfangen, überzeugt der Partner sich selber: „Wo sehen Sie hier Ihre Bedürfnisse?" oder „Welche Kaufargumente gehen Ihnen spontan durch den Kopf?"

In der Antike hatte der Redner drei Ziele:

- movere   bewegen, mitreißen, überzeugen, überreden,
- docere et   belehren und
- delectare   erfreuen.

Beim ausspracheorientierten, zielgerichteten Gespräch lassen sich folgende Schritte unterscheiden:

- Eröffnung durch Sie oder den Partner

- Der Partner spricht.

- Sie wiederholen, bestätigen oder fassen zusammen, um dabei Bewusstseinsinhalte des Partners emotional aufzuladen, sie vielleicht auch zu entladen, zu versachlichen. Bemühen Sie sich, Zwischenergebnisse, Quintessenzen und Schlussfolgerungen aufzuzeigen. Durch Bestätigungsfragen, „Sie sind also sicher, dass ...", hindern Sie den Partner am Ausweichen.

- Sie fragen, geben Impulse oder versuchen, durch provokantes Schweigen den Partner zum Sprechen zu bringen und so im Gespräch einen weiteren Abschnitt zu bilden.

- Der Partner spricht.

- Sie ...

- Der Partner ...

- Am Schluss: Sie fassen gemeinschaftlich das Gespräch zusammen, um das mühsam erworbene Ergebnis zu sichern.

Checkliste: Tipps für Cracks

- Ohne Blickkontakt fehlt einem Gespräch eine wesentliche Ebene.

- Aggressionen können durchaus belebend sein, aber auch Blockaden erzeugen.

- Ein strukturiertes Gespräch, besonders wenn der Partner an der Strukturierung beteiligt war, ist einprägsamer.

- Vermeiden Sie Reibungsverluste.

- Respektieren Sie „Zaunpfähle" und Konventionen.

- Die größte List ist, keine zu verwenden.

- „Festina lente!" – Spute Dich langsam! (Octavianus Augustus)

- Den Ablauf verzögern: „Ich kann kein Steno. Aber darf ich mitschreiben?" oder „Wenn ich Sie richtig verstanden habe, meinen Sie ..."

- Geben Sie Ihrem Gegenüber auch einmal Recht: „Sie haben Recht und ich die Provision."

- Wer sich „entrüstet", der legt seine Waffen ab.

- Widersprechen Sie nicht und lassen Sie den Partner brüllen, denn durch das vertiefte Durchatmen wird er sich schneller beruhigen. „Was würden Sie als Kompensation akzeptieren?" – Meist ist das, was er jetzt fordert, weit weniger, als Sie zunächst bereit wären, ihm freiwillig zu geben. Sparen Sie an Geld, aber nicht an netten Worten!

- Der Dreischritt bei der Überredung: „Erst zum (1) Ohr, dann zum (2) Kopf und schließlich zum (3) Herzen!"

- Das „Reißverschluss-Prinzip" – Sie – der Partner – Sie – der Partner – Sie...

Gefahrenmanagement – im Rausch der Gefühle

6

Blockiert durch Stress

Haben Sie sich schon einmal überlegt, was in unserem Körper eigentlich passiert, wenn wir uns ärgern? Ist bei Ihrem Gesprächspartner gerade nur die rechte Gehirnhälfte (die emotionale Seite) aktiv, wird er vernünftigen Argumenten erst wieder zugänglich sein, wenn Sie seine linke Gehirnhälfte angesprochen haben. Dies kann man mit Fragen wie „Bitte zeichnen Sie einen Lageplan." oder „Wo befinden wir uns gerade?" am schnellsten erreichen.

Blockade durch Adrenalin

Für die Dominanz der rechten Hirnhälfte genügt schon ein einfacher Hormonschub: Wenn man sich ärgert oder in Gefahr glaubt, ist man häufig unfähig, an etwas anderes als an die augenblickliche Situation zu denken. Verantwortlich ist hier u. a. ein chemisches Alarmsignal, das Hormon Adrenalin. In Stresssituationen wird ein ganzer Hormoncocktail in uns freigesetzt; das Adrenalin ist davon das einflussreichste.

Fühlen Sie sich physisch bedroht, ist das eine sinnvolle instinktive Reaktion. Die Adrenalinausschüttung versetzt Sie in die Lage, sich in Gefahrensituationen körperlich auf Kampf, Abwehr oder Rettung zu konzentrieren. Nachdem die Gefahr vorbei ist, muss dieses Hormon aber wieder abgebaut werden. Solange noch entsprechende Mengen Adrenalin in Ihrem Körper wirksam sind, klingt die Gefahr nach, die Spannung hält an. Eindrücke, Gedanken, Vorhaben, die Sie kurz vor der Bedrohung, kurz vor dem Adrenalinstoß beschäftigten, werden durch den Alarm blockiert, verdrängt oder zugedeckt.

Provozieren Sie Ihren Gesprächspartner ein bisschen

Den eben beschriebenen Vorgang kann man bewusst einsetzen, um gegnerische Argumentationen zu stören oder Gedanken,

Fragen und Einwände Ihres Gegenübers zu unterdrücken. Hat Ihr Gegner zum Beispiel einen unangenehmen Einwand gebracht, auf den Sie nicht antworten wollen, dann können Sie ihn persönlich angreifen, etwa in der Art: „Dieses Argument ist offensichtlicher Schwachsinn." Wenn Sie nun selbst sofort ein weiteres Argument nachschieben, wird sich zeigen, dass der Gegner seinen vorausgehenden Einwand vergessen hat. Sein Einwand wurde durch den von Ihnen bewusst provozierten Adrenalinstoß schlicht verschüttet.

Diese Form der „hormonellen Einwandentkräftung" verlangt vom Anwender starke Konzentration, denn er muss darauf achten, nicht selbst in den Strudel der Aggressionen hineingerissen und nun zum Opfer der eigenen Hormone zu werden.

Achtung: Emotional geladene Vorgänge prägen sich leicht ein. So können Sie zwar einzelne Einwände Ihres Partners durch provozierte Aggressionen zudecken, dafür aber werden ihm die Auseinandersetzung selbst und Sie als Kontrahent unvergesslich werden.

Nur ein Aufschub auf Zeit

Ein Adrenalinschub dauert nur etwa sechs bis acht Minuten. Es sei denn, man wird durch entsprechende Reize in kürzeren Abständen immer wieder aufgestachelt.

Wenn Sie zum Beispiel einem brüllenden Chef oder wütenden Kunden nicht widersprechen, stattdessen nur geknickt dreinschauen und verständnisvolle Klagelaute von sich geben, hat sich der andere nach sieben bis acht Minuten beruhigt. Je lauter er brüllt, umso stärker muss er nach Luft schnappen. Die Sauerstoffzufuhr lässt den Hormonspiegel schneller sinken.

Schokolade wirkt Wunder!

Beim Abbau von Stresshormonen hilft Glucose, also Zucker. Eine Tafel Schokolade versorgt zwei Streitende mit einem kräftigen Blutzuckerstoß, so wird vom Gehirn Blut in den Verdauungstrakt abgezogen. Ein neuer Schub Adrenalin ist nun zunächst neutralisiert. Jetzt sind die Parteien friedlich und reif für einen Vergleichsvorschlag. Deshalb heißt dieses Verfahren an Richterstammtischen auch „der Trick mit der Vergleichsschokolade".

Ähnlich ist die Wirkung von Arbeitsessen. Burgunder Wein zu Spätzle und Rostbraten sorgt für einen ordentlichen Blutzuckeranstieg. Wiederum wird Blut aus dem Gehirn in den Verdauungstrakt geschickt, und in zehn Minuten ist man sich bisweilen über Dinge einig, über die man sich zuvor fünf Stunden ergebnislos gestritten hat. Ist das Essen allerdings zu deftig, wollen alle Beteiligten statt einer Diskussion lieber ein Nickerchen machen.

Der positive Kick

Generell kann man sagen, dass wir durch Stresshormone wie gelähmt reagieren. Doch einen erfolgreichen Umgang mit Gefahrensituationen kann man üben. Lernen Sie, sich von der Woge Ihrer Hormone tragen zu lassen. Plötzlich bewältigen Sie Aufgaben, über die Sie bei ruhiger, nüchterner Betrachtung nur staunen können – denken Sie hier an mündliche Prüfungen oder Gehaltsverhandlungen.

Einen positiven Kick durch Stresshormone bieten Ihnen besonders Endorphine, ein körpereigenes Hormon, das eigentlich zur Schmerzstillung ausgeschüttet wird. Anhänger von Extremsportarten wie Kampfsport, Drachenfliegen, Bungeejumping lieben das Abenteuer, bei dem diese Glückshormone ausgeschüttet werden.

Achtung: Diese Action-Hormone machen den Sieger euphorisch, in der Folge süchtig, und er gerät in Gefahr, seine Maßstäbe für die Realität zu verlieren ...

Erste Hilfe beim Adrenalinschock

Beobachtet man Tiere, die für das Überleben in der Wildnis ausgestattet wurden, entdeckt man verschiedene Verhaltensweisen.

Auf freier Wildbahn hat die Überlebenstaktik vieler Tiere drei Gesichter:

- Angriff
- Flucht oder
- „Toter Mann" (Lähmung)

Wie vorausgehend beschrieben, besitzen Stresshormone, wenn sie eine gewisse Konzentration überschreiten, die Eigenschaft, Teile Ihres Großhirns zu blockieren. Sie lassen dann nur Nervenschaltungen (Synapsen) zu, die einem dieser drei Programme dienen, also entweder Angriff oder Flucht oder „Toter Mann".

Für einen fliehenden Hasen oder den verfolgenden Wolf ist es eine recht vernünftige Sache, sich nur auf das zu konzentrieren, was ihnen gerade überlebenswichtig erscheint, nämlich vor dem Feind wegzulaufen bzw. die Beute zu verfolgen. Der Führerscheinprüfling jedoch wird dies ganz anders sehen, wenn er instinktiv denkt, es sei nun für sein Überleben wichtig, möglichst schnell wegzurennen, oder schlimmer noch, sich in eine Ecke zu verkriechen und zu hoffen, der Prüfer werde ihn übersehen.

Atemübungen für den Ernstfall

Zum „Toten Mann", also jener Gestalt, die sich in eine Ecke verkriechen will und hofft, der „Feind" werde sie übersehen, macht sie neben den Stresshormonen die aus dem Rhythmus geratene Atmung. Dieses Hyperventilieren, auch „Hecheln der Angst" genannt, ist eine viel zu schnelle Hochatmung, bei der Sie einerseits zu viel Sauerstoff aufnehmen, andererseits einen gestörten CO_2-Austausch haben.

Gefahrenmanagement – im Rausch der Gefühle

Wenn Sie jetzt bewusst von der Hochatmung zur Zwerchfell-Flanken-Atmung übergehen, können Sie die Beklemmung dämpfen. Legen Sie dazu die Handflächen mit gespreizten Fingern und möglichst durchgängigem Kontakt fest auf Ihren Bauch, die Daumen etwa auf der Höhe der untersten Rippen und die kleinen Finger auf die Oberschenkelbeuge. Wenn Sie nun die Hände „anatmen", also beim Einatmen die Empfindung erzeugen, die Luft fülle die Hände, und beim Ausatmen, die Hände würden die Luft aus dem Bauch drücken, dann wird innerhalb von zwei bis drei Atemzügen die Lähmung durch die Angst nachlassen.

Schauspieler sprechen hier vom „Wegatmen der Angst". Über dieses bewusste Umschalten und Harmonisieren der Atmung verfügen Sie aber nur nach häufigem und ausgedehntem Üben. Außerdem brauchen Sie dazu Zeit. In dieser Situation heißt also die oberste Regel: Zeit schinden! Zeit schinden! Zeit schinden!

Zeit schinden, bis die Verkrampfung der Atmung, das Hecheln der Angst und die Konzentration der Stresshormone so weit abgeklungen sind, dass Sie wieder Ihren Verstand benutzen können.

Zeit gewinnen durch verbale Hilfen

Zeit schinden Sie mit Rettungsringen. Praktische Rettungsringe sind unter anderem

- Rückversicherungen: „Habe ich Sie richtig verstanden, dass Sie mich fragen, ob ich ..."

- „Sie glauben also, dass ..."

- Oder: „Haben Sie Fragen?" – „Verzeihung, ich habe eine Frage ..." – „Was meinen Sie, wenn Sie sagen ...?" – „Wie sehen Sie die Sache?"

- Zusammenfassungen: „Bis jetzt haben wir also folgendes Ergebnis …" – „… lässt sich wie folgt zusammenfassen …" – „Ich fasse kurz zusammen …" – „Ich habe den Faden verloren. Bitte könnten Sie die Sache nochmals auf den Punkt bringen?"

- Punktuelle Wiederholungen: „Besonders ist hier hervorzuheben…"

- „Am Rande ist hier aber zu bemerken, dass …" – „Wir dürfen also nicht vergessen, dass …"

Praxis-Tipp:

Haben Sie also in Zukunft ein Blackout bei einer Prüfungssituation, packen Sie Ihre Brotzeit aus und bekämpfen Sie Ihren Unterzucker ganz schnell. Sie werden Ihr Salamibrot noch nicht zu Ende gegessen haben, schon verschwindet das Brett vor Ihrem Kopf.

Checkliste: Gefahrenmanagement

- Trainieren Sie den Umgang mit Ihren Stresshormonen. Getragen von der Woge der Hormone vollbringt der Mutige Dinge, über die er sich in ruhigen Momenten nur wundern kann.

- Kontrollieren Sie Ihre Atmung! Haben Sie Ihre Atmung im Griff, dann haben Sie auch Ihre Reaktionsfähigkeit im Griff.

- Arbeitsessen sind meist sinnvoll verbrachte Zeit, denn solange einer kaut, kann er nicht beißen.

- Lernen Sie, Zeit zu schinden.

- Wie oft und in welchem Zusammenhang haben Sie heute Gesprächspartner unterbrochen?

- Oder: Werden Sie friedlicher!

- Die Bitte „Fasse dich kurz!" verlängert Gespräche, denn nun muss der Partner noch zusätzlich begründen, warum er sich nicht kurz fasst.

- Wie lange hält Ihr Zorn an? Und der Ihrer Mitmenschen?

- Wie sieht ein Mensch aus, von dem Sie sagen, er sei mutig? Wie reagiert er in Alltagssituationen?

- Nehmen Sie bewusst, und sei es auch nur für kurze Zeit, an Kampfsportarten teil.

- Legen Sie die Hände auf den Bauch und üben Sie das Anatmen der Hände nach dem Aufwachen, während Sie vor einer Ampel warten und vor dem Einschlafen; üben Sie es dauernd. Diese bewusste Harmonisierung Ihrer Atmung sollte Ihr ganzes Leben durchdringen.

- In gleicher Weise üben Sie die „Rettungsringe", das bewusste Zeitschinden, das unauffällige, aber wirksame Verlangsamen von Gesprächen.

- Glauben Sie nicht alles, was Sie hören.

- Lob, Kritik, Verbesserungsvorschläge beim Motivationsgespräch: Lob motiviert. Gemecker demotiviert.

Techniken der Gesprächsführung

7

Wer nicht fragt, bleibt dumm!

Wenn Sie auf Ihre Mitmenschen zugehen und gemeinsam im Gespräch Informationen er- und verarbeiten, dann nähern Sie sich bisweilen der Wahrheit. Auf jeden Fall gewinnen Sie Anregungen, die bei manchen Problemen zu optimalen Lösungen führen können. Sie lernen, Ihre Streitsucht und Rechthaberei zu beherrschen, und stärken Ihre Toleranz. Und wenn der Partner zu dem einen oder anderen Punkt eine andere Meinung vertritt als Sie, dann gibt es dafür häufig gute Gründe. Das wiederum wird Ihren Horizont erweitern. Bitte machen Sie sich das wirklich bewusst, denn so bekommen Sie einen positiven Zugang zum Gespräch.

Sie wissen jetzt, warum Ihre Mitmenschen Sie für sympathisch halten. Und man hört gerne auf Ihren Rat. Jeder mag Ihre Stimme. Man respektiert Sie. Sie stehen aufrecht, Sie sind geradlinig. Endlich fürchten Sie sich nicht mehr davor, wildfremden Leuten in die Augen zu sehen: offen, selbstbewusst und auffordernd. Auch das Schweigen ängstigt Sie nicht mehr. Sie haben sogar gelernt, daraus im Gespräch einen wesentlichen Impuls zu machen.

Inzwischen lassen Sie den Partner ausreden, fallen ihm nicht mehr ins Wort, erkennen Gefühle als Tatsachen an, sind in der Lage, Ihr Verhalten und das der Mitmenschen zu analysieren und zu steuern. Sie können mit Angst, Zorn und Lampenfieber umgehen. Ein Gefühlsausbruch durch Adrenalinausschüttung dient Ihnen als Kick im Alltag, die Woge Ihrer Hormone nützen Sie von nun an auf dem Weg zum Erfolg.

Zwar sagen jetzt Ihre Mitmenschen von Ihnen, Sie seien wohltuend im Umgang und mit Ihnen könne man sich ja so gut unterhalten. Genau das frustriert Sie. Ihre Zeitgenossen überschütten Sie mit Geschwafel und fühlen sich dabei auch noch sichtlich wohl. Sie wünschen sich jetzt nur noch eins, Sie wollen auch einmal zu Wort kommen. Was ist da zu tun?

Die offene Fragestellung

Zunächst untersuchen wir verschiedene Fragetechniken, ob und wie man damit Gespräche lenken kann. Sie werden dabei den Freiheitsraum des Partners scheinbar immer mehr ausweiten, die eigene Dominanz bewusst weiter und weiter zurücknehmen, doch dem Gespräch trotzdem Richtung, Ziel und Gestalt geben. Denn nicht immer beherrscht derjenige ein Gespräch, der am meisten spricht, sondern oft derjenige, der geschickter fragt.

Achtung: „Wer fragt, der führt!" Wer fragt, der bestimmt, wovon die Rede ist, in welcher Weise und wie lange. Denn er zwingt den Partner, auf den fremden Willen zu reagieren.

Manipulative Fragen

Das folgende Expertenwissen bringt Sie, vor allem wenn Sie nicht misstrauisch sind, an die Grenzen der menschlichen Willensfreiheit.

Um Ihnen zu zeigen, worum es dabei geht, zunächst die Schilderung eines Experiments: Bitten Sie Ihren Partner, seine Hände zu Fäusten zu ballen und bei jeder Antwort einen Finger nach dem anderen wieder auszustrecken. Am Ende hält er dann zwei gespreizte Hände vor sich. Je mehr Nachdruck Sie dabei auf diese Formalien legen, umso misstrauischer wird er werden. Bei jedem Spreizen eines Daumens oder Fingers rufen Sie und der Partner möglichst laut: „Blut! Blut! Blut!"

Sie: „Was säuft Dracula?" Der Partner: „Blut!"

„Was fließt in Ihren Adern?" „Blut!"

Und plötzlich fragen Sie möglichst überraschend: „Sie stehen an der Ampel! Bei was gehen Sie über die Straße?" In der Regel ist die Antwort: „Bei Rot!" (Anmerkung: Liebe Leser, mich stört hier auch die Grammatik „Bei was ...", aber diese Frageformulierung gebrauchen wir im täglichen Leben auch.)

Techniken der Gesprächsführung

Zur Vertiefung lässt sich das Experiment unendlich oft wiederholen: „In Hamburg gibt es eine Schauspielerin, die heißt Heidi Kabel." Der Partner ballt wieder die Fäuste und streckt einen Finger nach dem anderen aus. Dabei rufen Sie und der Partner laut: „Kabel! Kabel! Kabel!"

Plötzlich fragen Sie: „Und wer erschlug seinen Bruder?" Selbst examinierte Theologen antworten bisweilen: „Der Abel!"

Die Fragetechnik begegnet Ihnen häufig im Alltag

Es klingelt an Ihrer Haustür, Sie öffnen und ein Vertreter steht vor Ihnen, der Sie mit folgenden Worten begrüßt: „Haben Sie Vorurteile gegen vorbestrafte Menschen?" oder „Mögen Sie Tiere?" – Dann steht ein Vertreter der „Ja-Schiene" (zu Ihrer Erinnerung: Die Klaviertasten-Technik) vor Ihnen. Spätestens nach zehn Minuten haben Sie eine Zeitschrift abonniert oder selbstgebundene Bürsten aus einem Blindenheim gekauft. Grundgedanke dieser „Kette" ist, den Partner in positive Stimmung – in „Ja-Stimmung"– zu bringen und ihn zu manipulieren, damit er die Wünsche des Verkäufers erfüllt. Das Gegenstück zur „Ja-Stimmung" ist die „Nein-Stimmung".

Um das Gegenüber zu manipulieren, wenden Außendienstmitarbeiter und Vertreter häufig diese Art der Fragestrategie an.

- „Haben Sie geistige Interessen?"
- „Lesen Sie gerne gute Bücher?"
- „Hören Sie gerne gute Musik?"
- Sie finden es sicher nicht richtig, dass Tiere für Tierversuche gequält werden?"
- Die Falle schnappt zu, denn niemand outet sich gerne als Langweiler, Literaturbanause oder Tierquäler.
- „Unsere Kosmetikpalette verzichtet völlig auf Tierversuche."

- „Unser CD-Angebot ist unübertroffen."

- „Werden Sie Mitglied in unserem Buchclub, dann erhalten Sie in jedem Quartal den Bestseller."

Schaffen Sie Assoziationen

In einer Unterführung sitzen zwei Blinde. Der eine hält ein Pappschild vor sich: „Helft den Blinden!" Der andere: „Es ist Frühling, und ich bin blind." Welcher von beiden wird in den Passanten positivere Assoziationen wecken? Und welcher wird am Ende des Tages mehr Geldstücke in seinem Hut finden?

Hier können Sie erkennen, wie wichtig Stimmungen sind, dass man ihnen aber nicht wehrlos ausgeliefert ist und jederzeit darauf Einfluss nehmen kann. Fragen Sie sich manchmal, in welcher Stimmung Sie gerade sind. Wenn diese Ihnen nicht gefällt, legen Sie bewusst einen Hebel um – plötzlich sieht die Welt ganz anders aus. Denken Sie an die bisweilen recht unangenehmen Spielchen, die Liebespaare untereinander oder auch Kinder und Eltern miteinander spielen, um Liebesbeweise zu bekommen: „Du liebst mich nicht mehr!" Die innere Trägheit im Bereich der Stimmungen und Assoziationen gilt auch für Sie. Da wird es schwierig, sich aus dem Gefühlssumpf zu lösen und Land zu gewinnen.

Verlassen Sie einfach den Raum, analysieren die Situation und fragen sich, wie Sie für sich und den Partner die Sache ändern können und wie Stoff für günstige Assoziationen aussehen könnte. Und wenn Sie erneut Herr Ihrer Gefühle sind, kehren Sie zurück und nehmen den alten Faden wieder auf, doch nun bewusst von einer anderen Warte. Um den Einstieg nach dieser kleinen Auszeit zu erleichtern, bieten Sie doch einfach eine kleine Erfrischung an. Anfangs ist das Ganze noch etwas ungewohnt, doch mit jedem Mal wird es reibungsloser und einfacher werden, sich und den Partner aus den Fesseln der Gefühle zu befreien.

Praxis-Tipp:

- Bringen Sie Ihren Gesprächspartner in eine bestimmte Laune, sei es die Ja- oder die Nein-Stimmung.

- Wecken Sie Assoziationen, die Ihren Interessen zugute kommen.

- Positive Bilder vereinfachen komplizierte Gespräche.

Die Entweder-oder-Frage

Ausgangssituation

Sie sind bei einem Betriebsausflug. Es ist ein warmer Sommertag. Sie sitzen mit Ihren Kollegen nebeneinander auf langen Bänken unter alten Kastanien in einem Biergarten. Die Kellnerin kommt und fragt einen nach dem anderen: „Sie möchten ein großes Bier und einen Schnaps?" Der jeweils Gefragte denkt: „Immer diese Entscheidungen" – und sagt: „Ja!" Mancher der Kollegen macht es sich nicht so einfach und antwortet: „Nein, einen Schnaps möchte ich nicht, aber ein Bier!" Besonders Gesundheitsbewusste sagen: „Ich möchte eine Apfelsaftschorle!" Doch der mit dem Bier ohne Schnaps hat nun ein großes Bier und der mit dem Saft eine große Schorle, weil „der Schnaps" von der Entscheidung „kleines oder großes Bier" abgelenkt hat.

Hätte die Kellnerin ihre Gäste nicht vor die Entscheidung gestellt, sondern nur gefragt: „Ich nehme jetzt die Getränke auf. Was darf ich Ihnen bringen?", dann hätten einige der Betriebsausflügler in ihrer Erschöpfung geantwortet: „Jetzt nicht, wir bestellen nachher!" Doch durch ihre Art zu fragen stellte sie die Kundschaft vor die Denkaufgabe: „Will ich einen Schnaps oder will ich keinen Schnaps?"

Praxis-Tipp:

Lernen Sie, optimale Fragen zu formulieren, damit Sie etwas davon haben. Machen Sie beim Fragen konkrete Angebote.

Als Kellnerin, die am Umsatz beteiligt ist, sollten Sie also nicht fragen: „Wünschen Sie die Fleischbrühe mit oder ohne Eier?", sondern: „Wünschen Sie die Fleischbrühe mit einem oder mit zwei Eiern?" Nachdem Sie das „große Bier ohne Schnaps" und die „Fleischbrühe mit zwei Eiern" gebracht haben, sagen Sie: „Und hinterher empfehle ich Ihnen unseren berühmten Espresso mit einem schönen Kognak. Oder wollen Sie lieber erst den Käsewagen und dann den Espresso mit dem Kognak?"

Fallen Sie nicht mit der Tür ins Haus

Ein junger Mann spricht ein Mädchen auf der Straße an und fragt sie mutig und ohne Umschweife, ob sie ihn heiraten möchte. Mit großer Wahrscheinlichkeit wird sie ablehnen. Nicht weil ihr der Fragende unsympathisch wäre, sondern weil bei einer derart wichtigen Frage wie „heiraten oder nicht heiraten" ein „Ja" so endgültig klingt und ein „Nein" nur bedeutet „im Augenblick nicht". Vor allem aber, weil er ihr keine Zeit zum Nachdenken ließ.

Hätte er sie gefragt, ob er nochmal nachfragen dürfe, nachdem sie Zeit gehabt hätte, sich über den jungen Mann zu informieren und ihn kennen zu lernen, würde die Wahrscheinlichkeit für ein „Ja" steigen – ein „Ja" auf die Bitte, wieder fragen zu dürfen. Denn die Bitte um einen Termin, an dem man wieder fragen darf, erspart dem Partner im Augenblick die unangenehme Entscheidung zwischen einem „Ja" oder „Nein" als Antwort auf die Frage nach dem Heiraten.

Clevere Ausweichmöglichkeiten

Bei Fragen, zu denen man sofort eine Entscheidung verlangt, sagen die Leute gerne erst einmal „Nein". Nicht weil sie wirklich „Nein" sagen wollen, sondern weil sie sich bedrängt fühlen, weil sie sich unter Zeitdruck sehen, vielleicht Zeit zum Nachdenken brauchen und weil sie Entscheidungen zwischen „Ja" oder „Nein" gerne vermeiden.

Die meisten Menschen können sich in der Regel immer nur auf eine Sache konzentrieren. Manche schaffen es, an zwei Dinge gleichzeitig zu denken, doch an drei oder gar vier Dinge zu denken, schafft kaum einer.

Verbindet man die unangenehme Frage nach dem „Ja" oder „Nein" noch mit einer „Astgabel" in Gestalt des Angebots zweier Termine, die beide für Sie, den Fragenden, günstig sind, dann vermeidet der Partner die unangenehmere Entscheidung zwischen „Ja" oder „Nein", indem er einen der vorgeschlagenen Termine auswählt. Dabei vergisst der Überrumpelte völlig, dass er auch das gesamte Angebot Ihrer Terminvorschläge ablehnen kann. Diese Art des Fragens nennt man im Fachjargon „Termin-gabel", besonders in Verkaufsseminaren wird sie den Teilnehmern systematisch eingebleut.

Die Termingabel als Entscheidungshilfe

Fragt Sie jemand am Telefon nach einem Besuchstermin, bereitet er Ihnen unangenehme Gefühle, denn er verlangt von Ihnen spontan eine Entscheidung.

Hat der Anrufer eine entsprechende Schulung hinter sich, läuft die Situation wie folgt ab: Ihr Telefon läutet und eine freundliche, aber resolute Frauenstimme meldet sich: „Guten Tag, Firma Kächele & Karger, Software. Unser Herr Karger ist nächste Woche in Ihrer Gegend. Er hat noch zwei Termine frei. Ginge es bei Ihnen am Dienstag um 9.27 Uhr, oder wäre es Ihnen am

Donnerstag um 15.08 Uhr lieber?" Sie schlucken zunächst und haben Schwierigkeiten, den Sinn dieses Anrufes überhaupt zu erfassen. Zugleich sind Sie ein bisschen stolz, weil Sie sich diese komischen Uhrzeiten gemerkt haben. Sie denken weiter: Am Dienstag in der Früh findet die Abteilungsleiterbesprechung statt. Aber nächste Woche Donnerstag, da könnte es nachmittags klappen. Und Sie sagen: „Ja, Ihr Herr Karger soll nächste Woche am Donnerstag – wie war noch die Zeit? – um drei Uhr kommen." Doch der naheliegende Gedanke: „Ihr Herr Karger soll bleiben, wo der Pfeffer wächst", fällt Ihnen nicht ein. Nehmen wir weiter an, der Herr Karger verstünde sein Handwerk und er sei mindestens so gut wie seine Sekretärin, dann könnte das Gespräch am Donnerstagnachmittag, das durch diese „Termingabel" zustande kam, auch für Sie lohnend werden.

Praxis-Tipp:

So werden Sie, wenn Sie abends nicht fernsehen wollen, Ihre Freundin nicht mehr fragen, ob sie ins Kino möchte, sondern ob ihr der Dienstag- oder der Freitagabend fürs Kino lieber wäre? Am Dienstag läuft ein „James-Bond-Film", am Freitag aber ein französischer „Kunst- und Liebesfilm". Seien Sie versichert, dass dann die Frage „Kino oder Fernsehen" schlicht vergessen wird.

Checkliste: Entscheidungshilfen

- Fallen Sie nicht mit der Tür ins Haus. Zwingen Sie Ihr Gegenüber nicht zu spontanen Grundsatzentscheidungen.

- Eine „Astgabel" ermöglicht Ihnen, Entscheidungen herauszuzögern.

- Gehen Sie auf „Termingabeln"ein, bedeutet das ein „Ja" zur Entscheidung.

Die Suggestivfrage

Wir befinden uns im Vorzimmer des Schulamtsdirektors Doktor Müller.

Für die Schule von Westermurrhärle ist im Amtsblatt der Schulverwaltung eine Junglehrerstelle ausgeschrieben worden.

Heute, am Mittwochnachmittag, hat der Schulamtsdirektor Sprechstunde. Auf den Stühlen und Bänken im Vorzimmer drängen sich die Interessenten für die ausgeschriebene Stelle. Die Sekretärin des Schulamtsdirektors bittet die Kandidaten einzeln im Viertelstundentakt ins Zimmer ihres Chefs. Der stürmt nun mit ausgestreckten Armen auf den jeweils eintretenden Bewerber zu: „Guten Tag, Herr Kollege Maier!" Der Bewerber aber wundert sich: „Ei verflucht, woher kennt der mich?" Das ist doch kein Wunder, auf dem Schreibtisch des Direktors liegt eine Liste mit den Namen aller Berwerber. Der Schulamtsdirektor hakt einen Namen nach dem anderen ab.

Die Antwort steht bereits fest!

Nun sitzen also der jeweilige Kandidat und sein augenblickliches verleiblichtes Schicksal nebeneinander auf dem Sofa in der Konferenzecke. Und der Schulamtsdirektor fragt freundlich: „Herr Kollege, Sie werden doch die Kinder nicht schlagen, oder?"

Was glauben Sie, könnte wohl im Einzelfall die jeweilige Antwort sein, wenn wir davon ausgehen, dass sich der Junglehrer von der Arbeitslosigkeit bedroht sieht und dass ihm somit nichts anderes übrigbleibt, als um jeden Preis nach der ausgeschriebenen Stelle zu streben? Vielleicht denkt der Kandidat: „Wenn der wüsste …!" Aber beide Gesprächsteilnehmer wissen, wie jeweils die richtige Antwort lauten muss. Und damit auch nicht die geringsten Missverständnisse aufkommen könnten, hilft der dominierende Partner bei jedem einzelnen Punkt durch ein unüberhörbares

„nicht wahr?" nach. Dem entsprechen Fragen wie: „Gell, Sie möchten doch auch ...?", „Wollen Sie wirklich ...?", „Sie haben doch nicht etwa ...?" Hier könnten sich die Partner zwar zuzwinkern „Wir haben uns verstanden?", an der „richtigen" Antwort ändert sich jedoch nichts.

Im Alltag

Der Personalchef zum Bewerber beim Einstellungsgespräch: „Sie werden doch an unserem innerbetrieblichen Weiterbildungsprogramm teilnehmen? Und zu Überstunden sind Sie auch bereit, oder nicht?"

Wenn wir im jeweiligen Einzelfall angelogen werden, darf uns das nicht wundern, denn der arme Partner reagiert auf eine Nötigung oder gar versuchte Erpressung.

Selbst wenn er im Augenblick der Zustimmung sein „Ja" ernst meinte, wissen Sie nicht, wie er die Sache vier Wochen später beurteilt.

Sollte der Richter nach dem Urteilsspruch den Angeklagten ermahnen, während der Haftzeit an Entziehungsmaßnahmen teilzunehmen oder Steno zu lernen, wäre das zwar suggestiv, aber eine Erpressung wäre das nicht, höchstens eine „unverlangte Beratung von Mensch zu Mensch", denn der Angeklagte könnte es auch lassen. Das Urteil ist bereits gesprochen.

Wichtig: Jemand fragt etwas und signalisiert zugleich, bewusst oder unbewusst, dem Partner durch ein „nicht wahr?" oder die entsprechende Stimmführung, wie die „richtige" Antwort lauten müsste. Ist der Gefragte hierbei vom Fragenden in irgendeiner Weise abhängig, kann diese Form der Frage einer Nötigung oder einer Erpressung recht nahe kommen. Erwarten Sie dann nicht unbedingt eine offene, ehrliche Antwort oder ein Beharren auf dieser Antwort auch in der Zukunft.

Einbahnstraße – die geschlossene Frage

Sie belauschen ein Gespräch: „Sind Sie Deutscher im Sinne des Gesetzes?" – „Ja!" – „Können Sie Walzer tanzen?" – „Ja!" – „Auch links herum?" – „Nein!" – „Haben Sie Kinder?" – „Nein!" – „Sind Sie verheiratet?" – „Ja!" – „Mögen Sie Spinat?" – „Ja!"

Der fragende Partner merkt bald, dass er mit seiner Fragetechnik irgendetwas falsch machen muss, sonst würde er längere Antworten bekommen. Also fragt er ein bisschen offener: „Wer hat Sie heute geweckt?" – „Meine Frau." – „Wo wohnen Sie?" – „In Stuttgart!" – „Was ist Ihre Leibspeise?" – „Rostbraten mit Spätzle!" – „Wann sind Sie heute früh aus dem Bett gekommen?" – „Um sieben Uhr!" – „Wieviel wiegen Sie?" – „125 Kilogramm!"

Nun kommt zwar vom Befragten schon etwas mehr als nur das simple „Ja" oder „Nein", aber dem Gespräch fehlt immer noch der Fluss. Es wirkt verkrampft und immer noch einseitig dominiert. Es erinnert an einen Fahrschüler, der mit den Pedalen noch nicht klarkommt und sich „sprungweise vorarbeitet".

Betrachten Sie die erste Form der Fragen in ihrer Struktur: „Sind Sie ...?", „Können Sie ...?", „Haben Sie ... ?", „Mögen Sie ... ?" Alle diese Fragen beginnen mit einem Verb oder Hilfsverb. Der erste Buchstabe von „Verb" ist „V", deshalb „V-Fragen". Die Antworten lauten entweder „Ja" oder „Nein".

Und nun zum zweiten Versuch. Hier finden Sie jeweils am Anfang der Frage ein Fragewort, das in der Regel mit einem „W" beginnt:

„Wer ...?", „Wo ... ?", „Was ... ?", „Wann ... ?" Deshalb „W-Fragen". Die Antworten sind immer noch recht kurz, dafür aber offener gehalten.

Damit sich Studenten oder Kursteilnehmer den Sachverhalt besser merken können, nennen Dozenten oder Trainer diese Art der Fragen „VW-Fragen". Diese Fragen sind nicht für eine längere Antwortfolge offen, also bezeichnet man sie als „geschlossene Fragen".

Fragen wie im Verhör

Eine Kette von VW-Fragen löst beim Gefragten das beklemmende Gefühl eines Verhörs aus. Er fängt an, sich zu ärgern, wird mauern und versuchen, sich zu wehren oder sich in irgendeiner Weise zu rächen. Dabei fühlt sich der Fragende keineswegs wohl. Er spürt die Abwehr des Partners – auch er würde gerne aus der Rolle des lästigen Fragenstellers entkommen. Aus seiner Unsicherheit heraus wird der Interviewer noch mehr VW-Fragen stellen und der Befragte wird sich noch bockiger verhalten.

Wichtig: Man muss VW-Fragen nicht von vornherein ablehnen, denn sie sind zur Gesprächseröffnung, zur Richtungsweisung an gewissen Schaltstellen und zur Zusammenfassung am Ende des Gespräch durchaus geeignet. Sie können zur Klarheit verhelfen, indem sie den Partner zu eindeutigen Antworten bringen oder Ihnen unmissverständlich zeigen, wann er die Antwort verweigert. So kommen Sie als Verkäufer durch VW-Fragen zu einer konkreten Bestellliste. Doch zunächst einmal genügt es, die Situation zu erkennen und daraus Schlüsse zu ziehen.

Smalltalk will gelernt sein

Will man auf Teufel komm raus Konversation betreiben, entsteht häufig eine angespannte Situation.

Beispiel:

Die Schwiegermutter in spe nervt Ihren zukünftigen Schwiegersohn mit salvenartigen VW-Fragen. Die Tochter sieht ihren Liebsten bereits entschwinden ...

Checkliste: VW-Fragen

- Fragen, die mit einem Verb oder Hilfsverb, „können Sie ...", „haben Sie", oder einem Fragewort, „wer", „wo", „wann", „wieviel", beginnen, lassen jeweils nur eine Antwort zu und heißen deshalb „geschlossene Fragen".

- Vom Verb das „V" und vom Fragewort (wo, wie, wer) das „W", so entstand das Schlagwort „VW". In Expertenkreisen nennt man geschlossene Fragen auch VW-Fragen.

- Einerseits nerven uns VW-Fragen, wenn sie in Ketten auftreten. Andererseits sind sie ein wesentliches Werkzeug, um Gespräche zu eröffnen und um Klarheit in das Gesprächsergebnis zu bringen.

Das Zauberwort „aber"

Sie wurden als Reservist zu einer Reserveübung eingezogen. Der Morgen dämmert. Es regnet leicht. Sie liegen im Zelt, dösen vor sich hin und versuchen, sich an Ihren brummenden Schädel zu gewöhnen – gestern haben Sie zu tief ins Glas geschaut. Sie hören vor Ihrem Zelt Stimmen. Ein Mann reißt Ihren Zelteingang auf und begrüßt Sie gut gelaunt: „Guten Morgen! Ich bin Ihr General. Mit wem habe ich die Ehre?" Sie antworten etwas verdattert: „Feldwebel der Reserve Schmidt im Manöver." Der General: „Haben Sie Kinder?" – „Ja!" – „Sind Sie verheiratet?" – „Ja!" – „Wo wohnen Sie?" – „In Stuttgart"...

Das Ganze erscheint Ihnen wie ein Überfall. Sie fühlen sich bedrängt und unwohl. Da erinnern Sie sich als gelernter Handelsmann an Ihr letztes Verkaufstraining und an das Zauberwort „aber". Als der General fragt: „Was ist Ihre Leibspeise?", da kontern Sie fix: „Rostbraten mit Spätzle. Aber das Beste am Rostbraten sind doch die Zwiebeln, schöne saftige, leicht angebratene Zwiebeln. Die geben dem Ganzen erst die richtige Würze. Und die Spätzle müssen schwimmen, nämlich in einer nicht zu scharfen Soße. Doch auch an Spätzle kann man viel verderben, obwohl es ja so einfach ist, gute Spätzle zu machen."

Nach dieser Redeattacke müssen Sie kurz Luft holen. Während Sie nach Luft schnappen, unterbricht Sie der General ungeduldig: „Ja, ja. Hat mich gefreut. Ich muss weiter. Wiederschaun."

Praxis-Tipp:

Sollten Sie also einer Fragenflut entfliehen wollen, stoppen Sie diese bitte mit dem Wörtchen „aber". Hier ergreift sogar ein gestandener General die Flucht.

Checkliste: Flucht aus der Fragefalle

- Wenn Sie durch VW-Fragen in einer Zwangsjacke aus Worten stecken, „Ja" – „Nein" – „Nein", erinnern Sie sich an das Zauberwort „aber".

- Sollten Sie es auch noch schaffen, eine spontane Redeattacke anzuhängen, ist der Partner froh, wenn das Gespräch schließlich ein Ende findet: „Ja, aber in Stuttgart ist ein wesentliches Zentrum des Automobilbaus, Daimler-Chrysler, Porsche und auch Computertechnik ...“

Königsdisziplin: Ansichtsfragen

Fragen Sie einmal einen Bekannten, nachdem Sie ihn mit Ketten aus VW-Fragen zu fesseln versuchten, was er dagegen als Abwehrmaßnahme empfiehlt. Mögliche Antworten: „Ich würde mauern", „Ich würde denken, der kann mich mal", „Ich würde Gegenfragen stellen: Wie heißen Sie?", „Wer sind Sie überhaupt?", „Geht Sie das etwas an?" Sie fragen Ihren Partner weiter: „Wie hast Du Dich eigentlich während der Kette aus geschlossenen Fragen gefühlt? Beschreibe doch einmal Deine Empfindungen." Antwort: „Wie bei einem Einstellungsinterview, äußerst unwohl.", oder er würde es mit einem Verhör vergleichen.

Schließlich fragen Sie nach seinen Empfindungen. Er würde höchstwahrscheinlich antworten, dass er sich nun viel wohler fühle.

Frage: „Und warum?" Der Partner: „Du bist nicht mehr so aufdringlich wie vorhin. Ich kann jetzt sagen, was ich will." Frage: „Was mache ich jetzt anders? Könntest du das vielleicht auf eine Formel bringen?" – Nachdenkliches Schweigen. – Sie beenden das Ratespiel: „Ich habe schlicht und einfach meine Frageform geändert. Ich bin von geschlossenen Fragen zu offenen Fragen übergegangen, zu Meinungs- bzw. Ansichtsfragen.

Ansichtsfragen sind:

- „Was meinen Sie dazu?"

- „Was glauben Sie?"

- „Was schlagen Sie vor?

- „Was empfehlen Sie?"

- „Was würden Sie tun?"

- „Was empfanden Sie?"

- „Was würden Sie an meiner Stelle tun?"

Wichtig: Der Wechsel zwischen VW-Fragen und Ansichtsfragen ist äußerst unauffällig.

Die Techniken haben ich Ihnen hier so ausführlich beschrieben, damit Sie diesen Umstand erkennen können. So tritt die von Ihnen erstrebte Wirkung, den Partner zu steuern, ein. Wenn Sie diese Fragen noch partnernäher, noch aktivierender gestalten wollen, verbinden Sie diese mit einer Schmeichelei: „Du bist doch der Experte auf diesem Gebiet!"

Die Frageform ist offen, denn sie legt die Antworten nur in groben Umrissen fest. Wir fragen dabei nach Meinungen, Einstellungen und bitten um Interpretationen und Begründungen für Standpunkte, Meinungen und Absichten:

- „Wenn Sie das hören, was geht Ihnen da so durch den Kopf?"

- „Wenn Sie an meiner Stelle wären, was würden Sie da denken?"

- „Wenn Sie das so entscheiden, was glauben Sie, geht mir dabei durch den Kopf?"

- Wir bitten um die Beschreibung und Interpretation von Gefühlen: „Was mag er wohl empfunden haben, als er ...?"

- „Was haben Sie eigentlich empfunden, als Sie ...?"

Wenn nun die Situation weitgehend angstfrei und außerdem emotional positiv aufgeladen ist, wird der Partner kaum mehr zu bremsen sein und ganze Romane erzählen. Kaffee wirkt hierbei noch anregend.

Die richtige Frage als Denkanstoß

Mit der Ansichtsfrage eng verwandt sind Impulse und Arbeitsaufträge: „Schreiben Sie bitte auf, was Ihnen zu diesem Punkt einfällt!", oder „Herr Dr. Müller schildert uns gleich, wie er den Sachverhalt erlebt hat. Ihre Meinung ist mir wichtig. Bitte notieren Sie alles, was Ihnen einfällt. Ich werde Sie anschließend unter vier Augen um Ihre persönliche Stellungnahme bitten." Nach Arbeitsaufträgen und Vorankündigungen werden Gespräche wesentlich intensiver und kürzer, weil nun der Partner nicht mehr herumreden muss, bis er weiß, was er sagen will.

So vermeiden Sie peinliche Situationen

Bringen Sie nie einen erwachsenen Menschen in eine Situation, in der er sein Gesicht verlieren könnte. Wenn Sie also Fragen stellen wollen, kündigen Sie diese bitte rechtzeitig vorher an, sodass anschließend der Partner auch etwas zu sagen hat.

Ein Arbeitsauftrag, etwa in Gestalt einer Bitte, wird in der Regel nicht als Dominanz empfunden, sondern zeigt den Bittenden als einen Menschen, der sich noch helfen lässt, und gibt dem Gebetenen Gelegenheit zur Selbstdarstellung.

Außerdem bieten Arbeitsaufträge die Möglichkeit, links die sachlichen, logischen Hirnbereiche des Partners anzuregen, ihn von der Gefühlsschiene wegzulocken und so die Atmosphäre des Gesprächs zu versachlichen: „Versuchen Sie bitte auszurechnen, wie hoch der Umsatz im letzten Jahr war. Im Verlauf unseres Gesprächs werden wir diese Zahlen mit Sicherheit noch brauchen!"

Rhetorische Techniken richtig auswählen

Neben dem provokanten, saugenden Schweigen ist der unauffällige, aber flotte Wechsel zwischen offenen und geschlossenen Fragen die wichtigste Gesprächstechnik, die ich kenne. Unsere Mitmenschen haben ein großes Mitteilungsbedürfnis. Offene Fragen bieten die Möglichkeit, das Mitteilungsbedürfnis Ihres Gegenüber zu stillen und so den anderen zufrieden zu stellen. Oft ist gar nicht das Problem, wie man den Partner zum Reden bringt. Häufig haben Sie damit zu kämpfen: Wie stoppe ich mein

Gegenüber? Im vorigen Abschnitt haben Sie gelernt dagegen anzureden. Doch beliebt machen Sie sich damit nicht. Wenn der Partner dahinter gar Absicht erkennt, wird er Ihnen das sehr verübeln.

Vom Verbergen der Kunst

dissimulatio artis (lat.): das Verbergen der Kunst

Vor vielen Jahren las ich einmal einen Buchtitel, der mir so gut gefiel, dass ich den Inhalt darüber ganz vergaß: „Die diebischen Freuden des Herrn von Bisswange-Haschezeck". Hüten Sie sich davor, diesen Titel in Ihrem Alltag umzusetzen, indem Sie sich bei der Anwendung obiger Techniken in Allmachtsphantasien hineinsteigern und der Sache einen Hauch von Arroganz, Angestrengtheit und Künstlichkeit geben.

Praxis-Tipp:

Gesprächsführung ist einfacher und effektiver mit den richtigen rhetorischen Tricks. Im Alltag haben Sie dauernd die Gelegenheit, sich die nötige Souveränität zu verschaffen. Sie können beliebige Gesprächssituationen konstruieren, um dann zu sehen, ob sie umsetzbar sind und in der Praxis ablaufen wie vorgesehen.

Checkliste: Die richtige Frage

- Fragen nach Meinungen und Absichten; Ansichtsfragen werden in der Regel nicht als Gesprächstechnik erkannt.

- Offene Fragen legen die Antworten des Partners nur in groben Umrissen fest.

- Dem entsprechen Impulse, Arbeitsaufträge und Anstöße. Vorausgehende Arbeitsaufträge und Impulse kürzen nachfolgende Gespräche ab und können sie versachlichen.

- Verkäufer lernen, die Kunden wie folgt zu fragen: Nicht: „Kann ich Ihnen helfen?" – Der Partner wäre dann ein armer Hilfesuchender. Sondern: „Womit kann ich Ihnen dienen?" – Die Angelegenheit wird konkret, wesentlich abgekürzt und der Kunde bedient.

Die Wiederholtechnik

„Do ut des" (lat.), „Ich gebe, damit du gibst".

Es muss doch auch einfachere Methoden geben! Anders als der General, der eine Information erfragte, ohne zuvor eine gleichwertige anzubieten, nehmen Sie der Situation die Spitze: Sie geben, damit der andere gibt, auf lateinisch heißt das: „Do ut des".

Hätte der General gesagt: „Moin. Ich bin Ihr Divisions-General Schulte, Fritz Schulte. Mit wem habe ich die Ehre?", dann wäre die Situation ausgeglichener gewesen.

Beispiel:

■ „Ich trinke Kaba. Was trinkst du?" (Werbeslogan)

■ „Ich bin Internist. Was machen Sie beruflich?" Selbst wenn der Partner nun mauert: „Geht Sie gar nichts an!", oder etwas kürzer kontert: „Vielen Dank!", dann ist er der „Stoffel" und nicht Sie.

Sie geben dem Redefluss einen neuen Anstoß, indem Sie weitere Informationen anbieten: „Wir sehen das auch so.", „Wir arbeiten an dieser Stelle nach dem Klebeverfahren ..." Auch: „Ich esse hier am liebsten Kässpatzen ...", und der andere redet wieder weiter.

Dem „do ut des" entspricht, wenn Sie, sobald einer an Ihre Bürotür klopft, nicht einfach „Herein" rufen, sondern aufstehen, die Tür öffnen und dem Partner entgegengehen.

Praxis-Tipp:

Geht Ihnen der Gesprächsstoff aus, können Sie einem Gesprächsloch entgegenwirken, wenn Sie die so genannte „Wiederholtechnik" anwenden. Sie wiederholen einfach den letzten Satz oder einen der letzten Satzteile des anderen: „Sie sind also auch für Teilzeitmodelle ...?" Der Partner redet weiter. Subjektiv glaubt er, Sie hätten ihm Recht gegeben und seien seiner Meinung, was nicht unbedingt stimmen muss. Auf jeden Fall fühlt er sich von Ihnen angenommen, hält Sie für einen sympathischen Menschen und empfindet die Situation als angenehm.

Checkliste: Faire Fragen

- Sie geben dem Partner von sich aus eine Information, „Ich heiße Heinrich Fey", und Ihr Gegenüber wird sich ebenfalls vorstellen.

- Wir nehmen Fragesituationen die Aufdringlichkeit, indem wir zunächst selber geben, damit der andere seinerseits gibt, „do ut des". So helfen wir dem Gespräch auch über Stockungen hinweg.

- Vergleichbare Ergebnisse bringt die Wiederholtechnik. Wenn wir den Partner punktuell wiederholen, fängt er erneut an zu sprechen. Das stockende Gespräch läuft weiter. Durch stete Übung im Alltag prägen sich diese Techniken ein, sodass man instinktiv richtig fragt und das Gespräch natürlich wirkt.

Wie man den roten Faden aufgreift

8

Geheimtipp Perlenkette

Endlich sind wir soweit! Wir geben dem Gespräch Anfang und Ende, Struktur, Verlauf und ein nützliches Ziel. Der rote Faden dient uns als Symbol für einen durchgängigen Gedanken.

Der rote Faden geht auf den Sekretär der Britischen Flotte, von Marineminister Samuel Pepys (sprich: Pieps), zurück. Mitte des 16. Jahrhunderts kam er auf die Idee, in die Taue der englischen Kriegsschiffe einen roten Faden einzuweben, um sie leichter als Marineeigentum zu identifizieren.

Beispiel:

Zwei Dumme unterhalten sich. Da sie nicht die hellsten Köpfe sind, können die beiden immer nur eine Sache zur selben Zeit erledigen – entweder reden oder zuhören. Der eine sagt etwas, dann erzählt der andere etwas. Das halten die beiden eine ganze Weile durch.

Nun unterhalten sich zwei vermeintlich Intelligente. Sie wollen spontan und genial sein, sie wollen sich eben profilieren. In ihren gescheiten Köpfen steckt viel, und das will auch noch heraus. Da die Sachverhalte, die die beiden erörtern, komplex sind, versuchen sie durch eine elitäre Wortwahl dem zu entsprechen. So erwidert der eine stets drei Dinge zu einem Thema, denn weniger wäre seiner nicht würdig. Dem anderen aber fallen zu jedem einzelnen dieser drei Themen wieder drei Aspekte ein und die beiden kommen vom Hundertsten ins Tausendste und verzetteln sich. Am Ende trennen sich die beiden, ohne eine neue Erkenntnis zu erlangen.

Denken Sie bitte nur einmal an unseren Kurzzeitspeicher von sechs Sekunden! Das Gespräch endet im Chaos. Welches Paar ist nun wirklich intelligent?

Im Mittelalter hätte das Publikum dem zweiten Paar zugerufen: „Ignoratio elenchi!" Was aber heißt dieser lateinische Ausspruch? „Ignoratio" bedeutet „die Unkenntnis", und „elenchus" heißt soviel wie „der formgerechte logische Schluss", aber auch „die Perlenkette", „das Register", „die Tagesordnung". Also: „ignoratio elenchi" kann man mit „die Unkenntnis der Perlenkette" übersetzen, was soviel bedeutet wie „Thema verfehlt", „zurück zur Tagesordnung", „Sie bringen die Sachen durcheinander" oder „Immer schön der Reihe nach".

Wichtig: Bei der „Perlenkette" folgt eine „Perle" der anderen. Ein dauerhafter Faden hält sie zusammen. An den beiden Enden des Fadens hindern die zwei Teile des Verschlusses die „Perlen" daran, vom Faden zu gleiten. Genauso ist das auch mit den Worten und dem roten Faden Ihres Gesprächs.

Wie Sie wohl gemerkt haben, unterhalten sich die vermeintlich Dummen so, wie sich „vernünftige" Menschen unterhalten sollten. Sie erzählen ihrem Partner nicht mehr, als der gutwillig behalten kann. „Eines nach dem anderen." Die Frage lautet also nicht: „Wie kann ich Eindruck schinden?", sondern: „Wie viel kann der Partner aufnehmen? Und wie viel kann er ohne Mühe verarbeiten?" „Qualität statt Quantität" lautet die Devise.

Das „Reißverschlussprinzip"

Ein Partner sagt etwas, darauf erwidert der zweite etwas. Jetzt ist der erste wieder an der Reihe und so weiter. Es ist einfach, diesem Gespräch zu folgen. Manche nennen es das „Reißverschluss-Prinzip", andere „die Schlange, die den Schluckauf hat".

Wer fragt, der führt!

Was kann man machen, wenn der eine vernünftig redet, dem Gegenüber die Worte aber nur so heraussprudeln?

Wie man den roten Faden aufgreift

Nehmen wir einmal an, Sie wollen irgendwo nachhaken, dann fragen Sie einfach dazwischen: „Moment mal, Sie sagten gerade ..."

Der Partner wird verwundert innehalten: „Was?", dann wiederholen Sie einfach Ihre Frage. Jetzt empfinden Sie Hemmungen. Sie fragen sich, ob das nicht unhöflich sei? Wenn Sie bei einem Gespräch nur die Hälfte verstehen, Sie deshalb hinterher den anderen veranlassen müssen, seinen ganzen Sermon zu wiederholen, dann ist das viel unhöflicher.

Vorsichtig schieben Sie vielleicht eine Begründung Ihrer Frage voraus: „Frau Schröder, ich bin mir nicht sicher, ob ich Sie richtig verstanden habe. Könnten Sie das bitte nochmal wiederholen?"

Fragen Sie so lange nach, bis der Partner auf den speziellen Punkt eingeht, der Sie interessiert. So bestimmen Sie Thema und Inhalt des Gesprächs: Wer fragt, der führt! Denn er legt fest, wovon die Rede ist, wie lange und in welcher Weise.

Bei Bedarf haken Sie erneut nach. Nur diesmal verwenden Sie die Wiederholtechnik: „Ich entnehme Ihren Worten, dass ...!", „Sie meinen also ...?" oder „Sie sind davon überzeugt, dass ...?" Hier halten Sie aus den Worten des Partners die Fakten fest, die Ihnen wichtig erscheinen, die Sie im Fortgang des Gesprächs selber verwenden wollen. Oder Sie wollen den Partner „festnageln", vielleicht auch nur in Form von Bestätigungsfragen, um Ergebnisse abzusichern oder um das Gespräch abzukürzen: „Gehe ich recht in der Annahme ...?", „Meinen Sie damit, dass ...?"

Wenn Sie diese Zusammenfassung anschließend in eine Frage, einen Impuls oder einen Arbeitsauftrag übergehen lassen, dann haben Sie das Gespräch in der Hand: „Daraus ergibt sich folgende Frage..."

Ein weiterer Abschnitt des Gesprächs beginnt.

Sie lenken das Gespräch, ohne auffällig zu dominieren

Sie haben das Gespräch oder den Gesprächsabschnitt mit einer Frage eröffnet und mit einer Zusammenfassung aller Schwerpunkte abgeschlossen. Bei der Schlusszusammenfassung oder Ergebnissicherung am Ende des Gesprächs sollte der Schwerpunkt vor allem auf dem Lob des Partners liegen, um ihn für das nächste Mal zu motivieren. Einen neuen Abschnitt eröffnen Sie erneut mit einer Frage oder einem Impuls und werden wieder mit einer thematischen Zusammenfassung abschließen.

Praxis-Tipp:

Durch das Zusammenfassen des Gesprächs können Sie das Ergebnis weitgehend steuern. Den Anfang, den Inhalt und die Schwerpunkte der Unterredung können Sie mit der richtigen Fragetechnik bestimmen.

Ihr Gespräch lässt sich mit der Erzeugung von Würstchen beim Schlachtfest vergleichen. Die Wurstmasse quillt vorne aus dem Fleischwolf der Wurstmaschine in den Darm. Der Metzger teilt die Masse in gleichgroße Stücke ab, indem er den Darm handbreit abbindet. Ihre Aufgabe ist es, den Knoten zu machen, also das Gespräch zu strukturien und immer wieder zusammenzufassen. Das Geschwätz ohne Punkt und Komma Ihres Gegenübers entspricht der Wurstmasse, die Sie in verständliche Häppchen einteilen müssen.

Führen durch Fragen und Zusammenfassungen – oder: Die Regel der „Perlenkette"

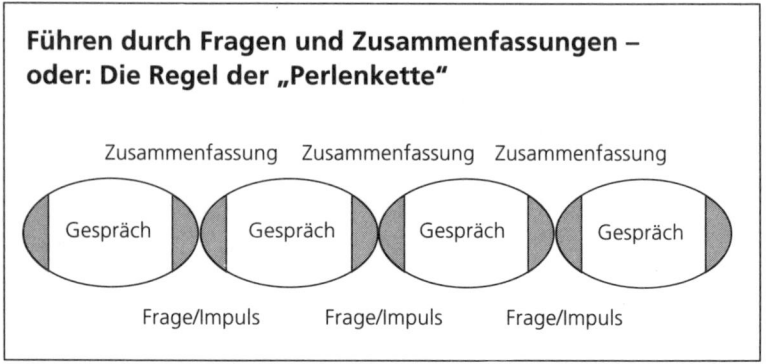

Wenn Sie diese Technik sicher beherrschen, werden Sie jedes Gespräch mit Ruhe und Gelassenheit bestehen können.

Sollte Ihr Partner in diesem Bereich ebenfalls Profi sein, ist es ein Genuss Ihnen zuzuhören.

Sie haben nun jenen Wissensstand erreicht, auf dem sich Rhetorik-Profis befinden: Die sachliche, ruhige Fähigkeit zur Abstraktion. Ohne sie könnten wir nicht richtig zuhören, geschweige denn zusammenfassen.

Dabei werden Sie keineswegs den Kontakt zum Konkreten verlieren. So wird ein fruchtbares Gespräch zwischen Kontrahenten überhaupt erst machbar. Gerade deshalb werden Sie den eigenen Standpunkt wirksam zur Geltung bringen und zugleich verhindern, dass aus dem Gegenüber ein Feind wird.

Hier geht es um wertvolles Know-how, worum uns die Mitmenschen beneiden werden. In früheren Abschnitten sollten Sie das „Verbergen der Kunst" erwerben, jetzt werden Sie es wirklich brauchen. Sind Sie fit in dieser Technik, dann sind Sie qualifiziert für sämtliche repräsentative Tätigkeiten Ihres Berufs- und Privatlebens. Vom Verein über eine politische Partei bis an die Spitze der Karriereleiter ist niemand mehr vor Ihnen sicher.

Praxis-Tipp:

Wollen Sie Ihre Umwelt mit Ihren rhetorischen Fähigkeiten beeindrucken, müssen Sie die Anwendung der verschiedenen Techniken unauffällig beherrschen. Deshalb üben Sie, üben Sie, üben Sie, damit das „Knotenmachen" so selbstverständlich abläuft, als wäre es das einfachste der Welt. Ihre Mitmenschen werden es Ihnen danken.

Sie geben den Takt vor

Nach ein wenig Übung wird es Ihnen leicht fallen, Ihrem Gespräch Struktur zu geben. Sie machen Knoten, indem Sie die Gesprächsergebnisse fixieren.

Schwieriger wird die ganze Sache, wenn Sie sich beschweren wollen, Kritik anmelden, dem Partner etwas vorschlagen, das nicht unbedingt seine Zustimmung findet, oder wenn Sie in Grundsatzfragen völlig anderer Meinung sind als er. Ihrem Partner ergeht es dann natürlich genauso.

Achtung: Suchen Sie sich keinen Sündenbock, sonst ist das Gespräch schneller beendet, als Ihnen lieb ist. Ein typischer Gesprächskiller ist die Frage nach der Schuld. Ein „Wie konnte das bloß passieren?" oder das bloße WARUM lässt manchen Meinungsaustausch eskalieren.

Das WARUM sucht nach einem Sündenbock. Das WARUM aus „WAS? WARUM? WOZU?" dagegen will die Teilnehmer im Gespräch motivieren, Ihr Thema ernst zu nehmen, indem man fragt: „Was ist an unserem Thema so wichtig, dass wir überhaupt darüber reden?" Bitte verwechseln Sie die beiden Warum-Fragen nicht. Lernen Sie bei Bedarf vom einen zum anderen auszuweichen, wodurch dann auch das jeweilige Ziel angesprochen oder verhindert werden kann.

Zwar ist zuweilen die Analyse eines Fehlers wichtig, um ihn zukünftig zu vermeiden. Es ist natürlich viel geschickter, wenn man den Blick in die Zukunft richtet und fragt: „Wie wollen wir es zukünftig halten?"

- Nicht: „Wir dürfen nicht zulassen, dass ..."
- Sondern: „Wir müssen bewirken, dass ..."

Durch die vorläufige Zielangabe zu Beginn haben Sie das Gespräch mit dem WOZU begonnen. Sollten Sie am Ende mit etwas Glück Ihr Ziel erreichen, beenden Sie es mit dem WOZU.

Praxis-Tipp:

Auch wenn Sie einen Fehler gemacht haben sollten, vermeiden Sie bitte lange Entschuldigungen. Versuchen Sie um jeden Preis aus der Rechtfertigungsecke zu entkommen, indem Sie konkrete Verbesserungsvorschläge und Wiedergutmachungsangebote liefern.

Gehen Sie nicht zu weit

Doch solange der Partner auf der rechten Gehirnseite aktiv ist, wird das nicht möglich sein. Man muss wachsam darauf achten, wann sein Blick nicht mehr so starr ist. Vielleicht fragen Sie auch nur, ob der Partner ein Stückchen Schokolade möchte. Je länger Sie bei der unglücklichen Angelegenheit verweilen, umso tiefer wird sie sich einprägen.

Klären Sie mit Ihrem Gesprächspartner, worüber Sie sich nicht einigen konnten. Das sollten Sie als Zwischenergebnis festhalten und nach der Devise leben: „Was noch nicht ist, kann ja noch werden!"

Der eine oder andere Kompromiss muss gegen Ende eines Gesprächs schon einmal hingenommen werden. „Ein Erfolg ist so wichtig, dass wir die kleine Kröte schlucken müssen." Eine solche Situation lässt sich aber meist umgehen, wenn man sich schon zu Beginn des Gesprächs auf ein positives Gesprächsziel (WOZU!) einigt, das sich immer dann einschieben lässt, wenn die Gemüter hitzig werden.

Damit ergibt sich folgende Struktur:

- „Wir sind hier zusammengekommen, um ..." – das Ziel: WOZU?

- „Weil ..." – der Sachverhalt: WAS?

- „Denn ..." – der Grund: WARUM?

- „Damit ..." – das Ziel: WOZU?

- „Deshalb ...." – Konkretisierung

- „Durch wen? Bis wann?"

Checkliste: Der rote Faden

- Besprechen Sie eins nach dem anderen!

- Wie Perlen an einer Kette folgen einzelne Gedanken dem roten Faden. Sich an die Regel der „Perlenkette" zu halten, verlangt von den Beteiligten Disziplin und Verzicht auf den kurzen Triumph. Sollte einer der Partner die Regeln der „Perlenkette" kennen und der andere nicht, wird der Kenner der „Perlenkette" durch Fragen oder Impulse und geschickte Zusammenfassungen mehr oder weniger unauffällig die Führung übernehmen. Wenn Sie Schriftführer eines Protokolls sind, haben Sie es besonders einfach.

- Vermeiden Sie Streitereien über längst Vergangenes, suchen Sie keinen Sündenbock!

- Einigen Sie sich gemeinsam auf ein positives Gesprächsziel. Doch möglich ist das nur, wenn der Partner vernünftigen Argumenten zugänglich ist. Immer wenn im Gespräch Schwierigkeiten auftauchen, schieben Sie das WOZU ein, auf das Sie sich anfänglich mit dem Partner als Gesprächsziel geeinigt haben; das Gespräch geht in positiver Grundstimmung weiter.

- (1) WOZU? (2) WAS? (3) WARUM? (4) WOZU? (5) DURCH WEN? BIS WANN?

Das optimale Gespräch

9

Überwinden Sie Ihre Hemmschwelle!

Den souveränen Umgang mit Menschen kann man nur im täglichen Miteinander erlernen. Souveränität setzt man mit Macht gleich.

Sie haben dieses Buch bis hierher gelesen und sollten nun versuchen, seinen Inhalt im Alltag anzuwenden. Die einfachste Möglichkeit bietet ein Gespräch, das soziale Kontakte pflegt. Die meisten Gespräche führt man übrigens aus diesem Grund.

Bisweilen wird der Kontakt zum Mitmenschen durch Hemmungen gebremst. Man ist natürlich besonders schüchtern, wenn die Menschen, auf die man zugehen will, fremd sind.

Beispiel:

Sie sind in einen Zug eingestiegen und suchen nun einen Sitzplatz. Die Leute, die bereits in einem Abteil sitzen, werden so tun, als sei alles besetzt, obwohl noch Plätze frei sind. Erst nach einigem Hin und Her lässt man Sie endlich ins Abteil und nimmt Sie in die Abteilgemeinschaft auf. Doch von nun an werden Sie sich auch Eindringlingen gegenüber abweisend verhalten.

Haben Sie dann den Mut zum ersten Schritt!

Eine weitere Hemmung kann in der augenblicklichen Grundstimmung des Partners liegen. Er hat sich gerade über etwas geärgert und macht ein finsteres Gesicht. Vielleicht hat er Zahnweh, Liebeskummer oder aus irgendeinem Grund schlechte Laune. Sein abweisendes Gesicht schüchtert Sie ein. Sie müssen sich erst überwinden, wenn Sie auf den anderen lächelnd zugehen wollen. Doch es zahlt sich aus, wenn Sie diese Hemmschwelle überwinden. Ihr Partner wird Ihnen vorkommen, als sei er gerade von einem Zauberbann erlöst worden.

Wichtig: Der menschliche Drang nach Kontakten hilft uns bei der Gesprächseröffnung. Es sei denn, dem stehen Hemmungen entgegen, wie etwa Fremdheit oder sichtbare schlechte Laune. Wenn wir den Mut zum ersten Schritt haben, gewinnen wir vielleicht einen Freund fürs Leben.

Der interessante Einstieg

Jedes Gespräch lässt sich in drei wichtige Bestandteile aufgliedern: Einstieg, Hauptteil und Ausstieg.

Aufgrund des Geltungsdrangs unserer Zeitgenossen ist es relativ einfach, den Einstieg in ein Gespräch zu schaffen.

Natürlich redet von Natur aus nicht jeder Mensch gleich gerne. Außerdem reden manche so viel in ihrem Beruf, dass Sie es schwer haben werden, ein anregendes Gespräch ins Rollen zu bringen.

Im eben beschriebenen Zugabteil, im Büro, wenn der Besuch, um den wir uns kümmern sollen, warten muss, oder wo immer wir mit Unbekannten zusammentreffen, ergibt sich manchmal das Problem, wie man mit anderen Menschen ins Gespräch kommt.

Erzeugen Sie zu Beginn eine angenehme Atmosphäre:

Nach einer herzlichen Begrüßung können Sie sagen: „Ich besorge uns mal eben etwas zum Trinken."

Zur Gesprächseröffnung, als „Eisbrecher", eignen sich besonders VW-Fragen. Wichtig ist, dass Ihr Gegenüber in Fahrt kommt.

„Do ut des" schafft faire Verhältnisse

„Ich spiele Tennis. Was ist denn Ihr Hobby?" Dieses „Ich gebe, damit du gibst" empfiehlt sich besonders bei persönlichen Fragen, wie nach Alter, Beruf oder Kindern.

Beispiel:

Sie sind auf einer Party. Der Hausherr, der Sie eingeladen hat, ist nirgends zu sehen. Sie möchten sich in eine Personengruppe eingliedern, treten lächelnd auf einen der Gäste zu und sagen: „Ich heiße Fey, Heinrich Fey. Sie sind Herr ...?" – Denken Sie an die James-Bond-Filme, „Ich heiße Bond, James Bond." Denn beim Vorstellen ist der Familienname in der Regel die wichtigste Information. Und wenn Sie ihn zweimal nennen, steigt die Chance, dass der Partner ihn sich merkt. – Der Angesprochene wird Sie zunächst verwundert anschauen, aber trotzdem antworten: „Ich heiße Frick, Dr. Gebhardt Frick." Und wenn Sie dann fortfahren: „Wissen Sie, ich bin hier fremd", sind Sie wenige Augenblicke später in die Gruppe eingebunden. „Herr Dr. Frick, ich bin von Beruf Rhetoriklehrer. Welcher Zunft gehören Sie an?" – „Ich bin Internist." – „Meine Frau meint, ich sei zu dick. Und nun liegt sie mir den ganzen Tag mit ihrer Trennkost in den Ohren. Wie sehen Sie das als Mediziner?" – „Naja, es gibt einfachere Methoden, um abzunehmen." – „Ach ja ...?" – „Ja, wissen Sie, die Trennkost ist eigentlich ..." – „Ja ...?" – „Nein ...!" – „Oh je...?" – „Nein, wirklich ...?" Und der Fachmann redet. Endlich hat er jemanden gefunden, der ihm zuhört.

Achtung: Beginnen Sie mit dem Smalltalk so selbstsicher wie möglich! Suchen Sie nicht nach einem originellen Gesprächs-einstieg, suchen Sie stattdessen nach Gemeinsamkeiten.

Vielleicht auch: „Herr Dr. Müller, ich habe ein Problem ..." Denn Sie schmeicheln ihm, er könne Ihnen bei Ihrem „Problem" helfen. Wecken Sie einfach seine Neugier, damit er sich damit beschäftigen muss, worin Ihr „Problem" bestehen könnte. Und wenn sich gar Ihr Problem an den Fachmann richtet, dem endlich wieder jemand zuhört, wird er kaum mehr zu bremsen sein.

Doch Vorsicht, vielleicht hat er dieses Buch auch schon gelesen und antwortet: „Sie Glücklicher, Sie haben nur ein Problem? Ich habe hunderte." Vielleicht sagt er aber auch: „Kommen Sie doch morgen in meine Sprechstunde."

Einigkeit besteht meist bei folgenden Themen:

- Wetter: „Schrecklich heiß heute, nicht?"

- Verkehrssituation: „Standen Sie in Reutlingen auch im Stau?"

- Parkplatzprobleme: „Ich konnte mein Auto bei der Kirche parken. Und Sie?"

- Kulturelle Ereignisse oder Sehenswürdigkeiten bieten manchmal einen Anknüpfungspunkt: „Haben Sie schon das neue Theaterstück gesehen?"

Die folgenden Fragen dürfen Sie stellen, ohne dabei allzu neugierig zu wirken: „Aus welcher Stadt kommen Sie?" – „Sind Sie mit dem Auto hier?" – „Die Bahncard ist wirklich eine feine Sache, nicht wahr?"

Eine Gesprächsaufforderung kann auch in einer „Ich-Botschaft" stecken, verbunden mit provokantem Schweigen: „Ich freue mich ganz wahnsinnig, Sie hier wiederzusehen!" – Pause – Sie sehen ihn erwartungsvoll an. Wenn Ihr Gegenüber darauf nicht anspringt, schwelgen Sie in gemeinsamen Erinnerungen. Falls Sie Ihren Gesprächspartner nicht kennen, gehen Sie trotzdem auf ihn zu und sagen: „Ich freue mich, dass Sie gekommen sind." – Pause.

Das optimale Gespräch

Manchmal liegt es nahe, etwas anzubieten: die Zeitung, eine Tasse Kaffee, ein Erfrischungsgetränk oder Ähnliches. Je nach Situation können Sie Ihr Gegenüber auch um etwas bitten, wie zum Beispiel um die Speisekarte. Das Empfangene können Sie dann kommentieren: „Da stehen ja leckere Sachen drin!" – Pause – „Was würden Sie mir empfehlen?" – „Könnten Sie mir bitte das Salz geben?

Vielleicht fragen Sie Ihr Gegenüber etwas, selbst wenn es Ihnen schon bekannt ist, denn Ihnen geht es ja nicht um die Information, sondern um den Gesprächsanfang: „Wissen Sie, wann der Zug in Hamburg ist?", „Wo ist denn hier der Fahrstuhl?"

Sogar sanfte Provokationen machen Ihr Gegenüber bisweilen gesprächig:

- „Tragen Sie immer so ausgefallene Krawatten?"

- „Warum beteiligen Sie sich nicht am Gespräch?"

- „Finden Sie's hier auch so langweilig?"

- „Sie haben uns die ganze Zeit zugehört, was ist denn Ihre Meinung zum Thema Jogging?"

Wenn diese Ratschläge nicht fruchten und Ihr Partner stumm wie ein Fisch bleibt, dann wissen Sie zumindest, dass es nicht an Ihnen liegt, wenn kein Gespräch zustande kommt. Vielleicht will Ihr Gegenüber in Ruhe gelassen werden und traut sich nur nicht, Ihnen klipp und klar zu sagen, dass er Sie als lästig empfindet.

Praxis-Tipp:

Zur Gesprächseröffnung eignen sich als Eisbrecher besonders VW-Fragen: „Ich freue mich ganz wahnsinnig, Sie hier zu treffen." – „Gut sehen Sie aus. Wo waren Sie denn im Urlaub?" Aber gehen Sie bitte niemandem auf die Nerven, indem Sie versuchen, ihn zu einem Gespräch zu zwingen!

Ein schlechter Einstieg riskiert das Gespräch

Kritik jeglicher Art sollten Sie als Einstieg unbedingt vermeiden! „Wir warten schon seit gut einer Stunde auf Sie!" oder „Sie machen sich aber rar!" Die früher oft praktizierte Möglichkeit, dem Gegenüber eine Zigarette anzubieten, ist heute nicht mehr zu empfehlen.

Der Hauptteil

Nun haben Sie ein Gespräch in Gang gebracht, aber wie geht es weiter?

Ein vernünftiger Mensch merkt in der Regel, wann er die Grenze seiner Unterhaltungskünste erreicht. Sie müssen unbedingt merken, wann Sie reden und wann Sie besser den Mund halten sollten. Doch seien Sie nicht zu schüchtern. Sie wachsen mit Ihren Aufgaben. Zimmern Sie sich deshalb Ihre Aufgaben passend. Weiten Sie das Gespräch mit Ansichtsfragen aus. Impulse und Aufforderungen vertiefen die Diskussion.

Was Sie beim Argumentieren beachten müssen!

Bringen Sie nur jeweils ein Argument zur gleichen Zeit vor. Argumente bzw. Listen mit Argumenten, die Sie vorher zu Papier gebracht haben, arbeiten Sie nacheinander, in Ruhe und ohne falschen Eifer, ab. Haken Sie die Punkte im Geiste ab. Hierbei muss Ihr Ziel sein, die Argumente des Partners zu hören, ihn zum Reden zu bringen, und nicht, als Sieger die Unterhaltung zu beenden. Versuchen Sie nicht „Meister aller Klassen" zu werden, sondern teilen Sie Ihrem Gegenüber mit: „Wissen Sie, mit Ihnen kann ich mich wirklich gut unterhalten."

Wenn das Gespräch in Gang gekommen ist, können Sie es durch aktives Zuhören, durch interessierten Blick, Kopfnicken und

Bemerkungen wie „Hm, hm …", „Ach ja, …", „Wirklich?" weiterführen, oft ohne selbst etwas zu sagen.

Mehr Anstrengung und Konzentration verlangt das reflektierende Zuhören. Hier wiederholen Sie jeweils Teile des Gesagten, um sie zu verstärken: „Sie waren tatsächlich in Torquay?", „Verstehe ich Sie richtig, Sie fordern Ganztagsschulen?"

Der elegante Ausstieg

Bei unverbindlichen Gesprächen, die meist nur der zwischen-menschlichen Kommunikation dienen, ergibt sich das Ende von ganz alleine: Der Zug ist angekommen, oder einer der Partner wird ernsthaft.

Auf den vorigen Seiten konnten Sie bereits lesen, wie man ein Gespräch bewusst beenden kann, ohne dass unsere Mitmen-schen beleidigt werden.

Während der Partner nach Luft schnappt, beginnen Sie mit einer Redeattacke: „Neulich las ich im ‚Spiegel' einen Artikel über Trennkost." – Am unruhigen Atemrhythmus und seiner Nervo-sität merken Sie, wie der Partner unter Druck gerät. Selbst seine Augen zeigen uns, dass ihm das Gespräch nicht mehr gefällt. Wenn Sie jetzt sagen: „Nichts für ungut, Herr Dr. Frick. Das war mal ein interessantes Gespräch!", dann wird er froh sein, wenn er Sie wieder los ist.

Ein Ausblick in die Zukunft bietet einen positiven Schluss:

„Wir werden uns bestimmt bald wiedersehen …"

Checkliste: Gesprächsaufbau

Eine gute Basis für Gespräche bietet das ehrliche Interesse am Gegenüber.

Ein Gespräch untergliedert sich in drei Phasen:

- Einstieg: Das Gespräch wird durch „VW-Fragen" eröffnet, mit Komplimenten und „do ut des" entsteht ein Gespräch.

- Hauptteil: Stellen Sie Ansichtsfragen, hören Sie aktiv Ihrem Gesprächspartner zu und wenden Sie die Wiederholtechnik an.

- Ausstieg: Ein elegantes Ende findet Ihr Gespräch mit einem Ausblick, wie: „Beim nächsten Mal treffen wir uns bei Ihnen!"

Auf den Punkt gebracht – Zaubern mit Worten

Sie haben zwei Augen, zwei Ohren und einen Mund!

Deshalb sollten Sie auch in diesem Verhältnis reden. Wenn Sie also 80 Prozent der Gesprächsdauer das Gesagte Ihres Gegenübers aufnehmen und nur 20 Prozent dieser Zeit selbst reden, dann ist das genug. Zur Erinnerung: Setzen Sie sich nicht unnötig unter Druck. Gelassenheit siegt, gehen Sie selbstbewusst durch die Welt: „Ich bin Ich!". Angst macht nur, wer Angst hat. Üben Sie den kalkulierten Umgang mit dem Risiko, nutzen Sie auch mal den Adrenalinkick. Werden Sie ein tougher Gesprächspartner. Sie haben zwei Augen, zwei Ohren, aber nur einen Mund.

Das optimale Gespräch

Die wichtigsten Fakten für Ihr Gespräch

Stellen Sie sich vorab folgende Fragen: Was? Warum? Wozu? – Bei geschäftlichen Unterredungen dürfen Sie das „Durch wen? Bis wann?" auf keinen Fall vergessen. Wenn Sie einem Gespräch ein solides Fundament geben möchten oder wenn Sie ein Gespräch bzw. eine Verhandlung platzen lassen wollen, dann denken Sie an das positive WARUM: „Warum muss uns diese Sache beschäftigen?" und „Was ist hieran so besonders wichtig?"

Außerdem gibt es ein negatives WARUM! „Warum ist diese Sache schiefgegangen? Wer hat das verbockt?" Durch ein vorgezogenes WOZU („Wozu sprechen wir überhaupt miteinander?") können Sie dieses negative WARUM stets aufs Neue entschärfen.

Sie müssen nicht nur überzeugend reden, sondern überzeugend sein

Werden Sie ein souveräner, ein positiv denkender, doch wehrhafter Mensch. Lächeln Sie öfter einmal und halten Sie Blickkontakt. Das provokante, saugende Schweigen ist ein wichtiger Gesprächsimpuls. Die besten Argumente sind die, von denen Ihr Partner bereits überzeugt ist. Hören Sie ihm genau zu, dann wird er sie Ihnen erzählen. Unterbrechen Sie niemanden mitten im Satz. Bekämpfen Sie Ihren eigenen unnötigen Eifer. Doch haben Sie auch den Mut, Ergebnisse festzuhalten.

Der Gelobte hört zu, der Kritisierte hört weg. Loben Sie Ihren Partner zuerst, dann äußern Sie Ihre Kritik in Verbindung mit Verbesserungsvorschlägen. Denken Sie daran, dass Gefühle Tatsachen sind. Respektieren Sie die Gefühle Ihres Gesprächspartners. Denn: „Ein Gramm Gefühl zählt mehr als ein Zentner Vernunft."

Wenn das provokante, saugende Schweigen der wichtigste Gesprächsimpuls ist, dann ist ein unauffälliger Wechsel von geschlossenen zu offenen Fragen der zweitwichtigste. Doch an dritter Stelle folgt die Wiederholtechnik.

Geschlossene Fragen, VW-Fragen, Fragen, die mit einem Verb, einem Hilfsverb oder einem Fragewort beginnen, „Haben Sie …?", „Können Sie …?", „Wo?", „Wann?", „Was?", „Wer?", eröffnen ein Gespräch. Offene Fragen, Ansichtsfragen, Fragen nach Meinungen, Absichten und Einstellungen, „Meinen Sie …?", „Würden Sie …?", führen ein Gespräch aus. Geschlossene Fragen, VW-Fragen schließen die Diskussion wieder ab.

Hat ein Partner Sie mit Ketten aus Fragen gefesselt und möchten Sie auch einmal zu Wort kommen, zerreißen Sie diese Fesseln durch ein „aber", dem ein Wortschwall folgt: „Aber zum Rostbraten gehören Spätzle, Spätzle mit Biss und reichlich Soße. Spätzle müssen schwimmen …"

Wortakrobat durch Gruppenübungen

Das Paarlaufen

Bisher bin ich stets davon ausgegangen, dass ich mich mit Ihnen alleine darüber unterhalte, wie man Zweiergespräche und das dazugehörige Umfeld steuern kann. Doch nun wende ich mich an Gruppen, etwa Freunde, Jugendgruppen, Seminarteilnehmer. Denn eine ganze Reihe wichtiger Techniken, die man sich in Zweiergesprächen nützlich machen kann, sind nur in Gruppen, mindestens aber zu zweit, zu erlernen.

Eine wichtige Übung, die schon am Anfang einer Begegnung mit Gesprächstechniken stehen kann und die Ihnen eine Fülle verschiedenster Fähigkeiten zu vermitteln vermag, ist das Paarlaufen. Zugleich macht es Ihnen bewusst, welche Gesprächstechniken es gibt und zu was sie nützlich sind.

Sie haben bestimmt ein Stammrestaurant, einen Arzt Ihres Vertrauens, einen verlässlichen Rechtsanwalt oder ein Lieblingshotel. Was verbinden Sie mit dem Restaurant, dem Arzt, dem Anwalt oder dem Hotel? Sie leben mit ihnen in Harmonie, das heißt, sie vermitteln Ihnen „gute Schwingungen". Sind Sie traurig, dann schaut Ihr Partner ebenso traurig, ohne offensichtlich Theater zu spielen. Sie ärgern Sie sich über etwas, Ihr Partner schimpft mit. Sie lachen, Ihr Partner lacht auch. All dies tut ausgesprochen gut, denn wir genießen es, wenn sich jemand zu uns solidarisch verhält. Den Versuch, den Partner emotional an uns anzupassen, machen wir in der Regel im Unterbewussten. Doch niemand hindert uns daran, dies von nun an bewusst zu tun. Unser Streben nach Harmonie hat man sich für die Gesprächstechnik zunutze gemacht. Es wird von Kommunikationsprofis „Paarlaufen" genannt. Sie werden staunen, welche Wirkungen Sie damit bei Ihren Mitmenschen erreichen. Sind Sie im Einklang mit Ihrem Partner, werden Sie eine Menge neuer Gefühle kennen lernen.

Sie beginnen damit, dass Sie die Atmung Ihres Partners beobachten und Ihre an seine angleichen. Wenn Sie jetzt Ihre

Atemfrequenz verändern, wird der Partner folgen. Eine Verlangsamung beruhigt ihn, eine Beschleunigung regt ihn auf.

Anschließend beobachten Sie sein Gesicht, um seine Stimmung zu erkennen. Lächelt er, lächeln Sie auch. Wechseln Sie dann zu einem ernsten Gesichtsausdruck, wird er Ihnen folgen. Doch seien Sie vorsichtig: Sie bringen nicht nur Ihren Gesprächspartner in die angestrebte Stimmung, sondern auch sich selbst. Dieser Technik ist man jedoch nicht hilflos ausgeliefert, denn das Paarlaufen funktioniert nur im Einverständnis mit Ihrem Gegenüber, bewusst oder unbewusst.

Diese Übung empfiehlt sich besonders zu dritt. Zwei üben, der Dritte beobachtet genau. Nach sechs Minuten halten Sie inne, und der Beobachter schildert seine Eindrücke. Nun wechseln Sie durch. Solange, bis alle einmal die Rolle des Beobachters spielen durften. Gemeinsam erarbeiten Sie anschließend Ihre Eindrücke.

Die Charmeschleuder

Jetzt sollte die Übungsgruppe schon etwas größer sein, vielleicht zwischen 10 und 20 Teilnehmern.

Die Mitglieder Ihrer Gruppe stellen ihre Stühle in Hufeisenform auf und setzen sich. Einer, zum Beispiel Sie, fasst sich ein Herz, tritt vor das offene Ende des Hufeisens und gibt ein Statement ab: „Red' doch keinen Stuss, der VFB wird deutscher Meister!" Dann gehen Sie im Uhrzeigersinn von einem Kollegen zum nächsten und fragen nonverbal nach seiner Meinung zu dem eingangs geäußerten Satz. Sie dürfen dabei nur Ihren Körper einsetzen und müssen durch Blicke und Gesten und vielleicht mit provokantem Schweigen versuchen, die einzelnen Gruppenmitglieder zum Sprechen zu bringen. Selbst Brummlaute wie „hmhm" sind Ihnen verboten.

Wenn Sie Ihre Runde gedreht haben, stehen Sie wieder an der offenen Seite des Hufeisens, fassen nun aus dem Stegreif die Meinungen der Partner in die richtigen Worte und bieten zum Schluss auch Ihre Meinung dar.

Anschließend erfolgt das Votum Ihrer Übungspartner:

- Hielten Sie ständig Blickkontakt?

- Was sagt die Gruppe über Ihre Haltung und Gestik aus?

- Wie empfand die Gruppe Ihren Ausdruck?

- Haben Sie den richtigen Abstand gewahrt? War er gleichgültig, aufdringlich oder angemessen? Der richtige Abstand zum Partner beträgt etwa 70 Zentimeter.

- Was ist der Gruppe sonst noch an Ihnen aufgefallen?

- Am Ende geben Sie ein Statement ab.

Ziel dieser Übung ist die Schärfung des Urteilsvermögens der Teilnehmer. Sie sollen dadurch lernen, Ihre Hemmschwelle zu überwinden. Außerdem können Sie anschließend aus dem Stegreif Schlagworte formulieren.

So üben Sie spontanes Reden, den Einsatz der Körpersprache, das Taktieren mit dem Schweigen und ein Gefühl für die richtige Distanz.

Anmerkung: Sie müssen die Übung mit der Gruppe nicht an einem Abend beendet haben. Aber drei Abende sollten genug sein.

Wichtig: Ein Konferenzleiter, der die nonverbale Kommunikation aus dem Effeff beherrscht, wird bei seiner Arbeit weniger Worte brauchen, den Partner besser verstehen können und bei Meetings weniger Zeit benötigen, um zu Ergebnissen zu kommen.

Das Sanduhr-Ritual

Lernziel: In Zukunft werden Sie kontroverse Themen „locker vom Hocker" und ohne Lampenfieber ansprechen. Sie sammeln Themen, die Ihnen auf der Seele brennen und bei denen Sie lernen wollen, gelassener zu werden. Je mehr Vorschläge Sie haben, desto besser. Sie können sich mit Ihren Partnern auch auf Kompromisse einigen.

Themenvorschläge aus der Arbeitswelt

Gespräche mit Kunden:

- Sie müssen eine Bitte um frühere Lieferung, um Lieferung auf Ihre Kosten oder um Verzögerung des Zahlungstermins ablehnen.

- Der Kunde ist mit Ihnen über den Leistungsbereich des Service-Vertrags uneinig.

- Beschwerde, die Rechnung sei zu hoch.

Sie haben ein Anliegen an Ihren Vorgesetzten:

- Der Chef hält Informationen zurück.

- Er meldet sich nicht ab, und Sie wissen nie, wo er ist und wann er zurückkommt.

- Sie wollen ihn von der Benutzung einer CAD-Anlage, eines PCs, eines Kaffeeautomaten, der Übernahme der Kaffeekosten durch die Firma überzeugen.

- Er hat eine bestimmte unangenehme Verhaltensweise, raucht Zigarren, nötigt Sie zum Kognaktrinken ... Deshalb möchten Sie ihn darauf ansprechen.

- Er will die Weitergabe von Kritik an Sie delegieren.

- Sie wollen eine innovative Idee durchsetzen,

- Ihre Arbeit teilweise zu Hause oder im Freibad erledigen dürfen,

- mehr Geld,

- sich über die Beurteilung beschweren.

Allgemeinere Themen

- „Wohin im Urlaub?"

- „Urlaub auf dem Campingplatz oder im Hotel?"

- „Gemischte Sauna?"

- „Ehe ohne Trauschein?"

- „Studium mit Zeitbegrenzung?"

- „Abitur mit sechzehn?"

- „Soziales Jahr?"

- „Bundeswehr, ja oder nein?"

Dialog mit der Sanduhr

In der Mitte des Tisches steht eine Sanduhr. Jeder am Tisch, außer dem Beobachter, darf die Sanduhr nehmen, sie anheben oder umdrehen und wieder absetzen. Er hat das Wort, solange noch Sand rinnt. Jetzt darf ihn niemand unterbrechen, es sei denn, der Sprechende will eine Antwort hören, dann hebt er die Sanduhr hoch und gibt die Redeerlaubnis somit ab. Wer jetzt etwas erwidern möchte, nimmt die Sanduhr an sich und dreht sie um; nun hat er das Wort, solange der Sand rinnt. Während der Sand für Sie läuft, ist Ihnen erlaubt zu reden, zu schreiben, zu denken oder zu schweigen. Und trotzdem darf niemand etwas sagen.

Es schadet nichts, wenn während dieser Übung eine konzentrierte und nachdenkliche Atmosphäre herrscht. Bemühen Sie sich, so klar und deutlich zu reden, als würde Ihr Gesagtes morgen in der Zeitung zitiert werden.

Praxis-Tipp:

- Halten Sie als Teilnehmer Ergebnisse und nicht erfüllte Forderungen schriftlich fest. Machen Sie sich Notizen.

- Schießen Sie keine Eigentore! Brechen Sie keine Regeln, die Sie anderen ans Herz legen.

- Zeigen Sie die Folgen auf, wenn man Ihre Forderungen nicht erfüllt.

- Legen Sie zuerst Ihr Ziel fest und dann Ihre beabsichtigte Strategie. Der direkte Weg ist häufig nicht zu gehen, deshalb sollten Sie sich mehrere Strategien überlegen.

- Ihre Ziele sollten stets erreichbar, messbar und überprüfbar sein. Wenn Sie überhöhte Forderungen stellen, können Sie während des Gesprächs bei den Forderungen nachlassen. Entwickeln Sie sich Ihre eigene Zielhierarchie: „Wenn nicht das, dann wenigstens noch das."

- Jedes „Nein" lässt sich in ein „Ja wenn ..., dann ..." oder „do ut des" umwandeln.

- Nicht immer kann man sein Gegenüber von seiner Meinung überzeugen. Manche Menschen mögen einfach keinen Spinat.

Ablauf der Übung

Sie wird in Dreiergruppen durchgeführt. Wobei es keine Schwierigkeiten bereitet, wenn Sie genügend Sanduhren haben, etwa im „Studium Generale", 30 Dreiergruppen parallel üben zu lassen.

Wortakrobat durch Gruppenübungen

In der Dreiergruppe selbst üben zwei, der Dritte ist Beobachter. Im Anschluss an einen Durchlauf schildert der Beobachter den Gruppenmitgliedern seinen Eindruck in folgender Reihenfolge: Lob, Kritik, Verbesserungsvorschläge.

Dann wird er selber einer der Übenden und ein anderer aus der Gruppe Beobachter. Machen Sie es sich als Beobachter bitte zur Pflicht, immer wieder innezuhalten und sich zu fragen:

Was ist gerade der Gegenstand (Was?), was der Grund (Warum?) und was das Ziel (Wozu?) unserer Kommunikation?

Oder auch: Wer? Was? Von wem? Woraus?

Genau so beobachten Sie wieder die Gestik der Partner. Wenn jeder einmal Beobachter war, beginnt die Auswertung im Plenum: „Was nehmen Sie aus dieser Übung mit?" Die Übung dauert pro Durchgang und Beobachter circa 20 Minuten, etwa 15 Minuten mit der Sanduhr und drei bis fünf Minuten für die Kritik, insgesamt bei drei Beobachtern eine Stunde.

Übt man in Vierergruppen mit jeweils zwei Beobachtern und dem Grundsatz, dass jeder mit jedem einmal übt, benötigt man schon zwei Stunden Zeit.

Die Sanduhr-Konferenz in größeren Gruppen

Wenn es sich ergibt, kann aus der Dreiergruppe eine „Konferenz" mit bis zu 18 Teilnehmern pro Sanduhr werden. Der Beobachter kann dann zugleich die Leitung übernehmen, indem er auf die Reihenfolge achtet. Es soll sich bei dieser Übung niemand zu wichtig nehmen, es darf sich natürlich auch keiner davor drücken.

Nach jeder Viertelstunde müssen sämtliche Wortmeldungen analytisch zusammengefasst werden. – So können Sie auch das Protokollieren üben.

Grundsätze für die Übungsteilnehmer

Sie müssen das Bestreben haben, nicht geliebt, sondern geachtet zu werden. Denken Sie an die Fey-Tasse. Nicht nur Sie, auch der Partner sieht sich im Recht und möchte seine Interessen durchsetzen. Streiten Sie deshalb nicht über Standpunkte, sondern klären Sie die unterschiedlichen Interessen und Sachverhalte.

Werden Sie mutiger. Überlegen Sie sich den unangenehmsten Fall, der passieren könnte, sollten Sie mit Ihrem Vorhaben scheitern.

Fazit: Seien Sie freundlich, aber bestimmt.

Literaturhinweise

Aristoteles: Rhetorik. Übers. v. F. G. Sievecke, München

Bullinger, Hans-Jörg/Ulbricht, Bernd/Vollmer, Simone: Wie führe ich Teamarbeit erfolgreich ein?, Stuttgart

Comenius, A.: Große Didaktik, Übers. u. Hrsg. A. Filtner, Stuttgart

Coué, E.: Die Selbstbemeisterung durch bewusste Autosuggestion, Basel

Daum, S.: Rabbinische Weisheiten zu den Sprüchen der Väter – Jüdische Ethik, Frankfurt

Drummond, H.: Machtspiele für kleine Teufel – mit List und Tücke an die Spitze, Landsberg/Lech

Fey, Gudrun: Das Antike an der modernen Rhetorik, Stuttgart

Fey, Gudrun: Das ethische Dilemma der Rhetorik, Stuttgart

Fey, Heinrich/Fey, Gudrun: Redetraining als Persönlichkeitsbildung, Regensburg/Düsseldorf/Berlin

Fey, Heinrich/Fey, Gudrun: Sicher und überzeugend präsentieren, Regensburg/Düsseldorf/Berlin

Goldschmidt, L. (Hrsg.): Der Babylonische Talmud, Berlin

Gregor Mc, Douglas: Der Mensch im Unternehmen, Düsseldorf

Jungmann, S. J., Joseph: Theorie der geistlichen Beredsamkeit, akademische Vorlesungen, Hrsg. von Michael Gatterer S. J., Freiburg

Klaus, G.: Moderne Logik, Berlin

Mehrabian, A.: Silent Messages, Belmont

Schopenhauer, Arthur: Eristik, Arthur Schopenhauers handschriftlicher Nachlass, Leipzig

Stoffel, Wolfgang: Gezielt verhandeln und gewinnen, Regensburg/Düsseldorf/Berlin

Trotha, Thilo von: Reden professionell vorbereiten, Regensburg/Düsseldorf/Berlin

Schnell nachschlagen

Schnell nachschlagen